Ravensburger Freizeit-Taschenbücher Band 193

Norweger-Muster

25 Modelle zum Nacharbeiten

Otto Maier Verlag Ravensburg

Text- und Bildredaktion:
topic GmbH, München-Karlsfeld

Gestaltung:
Hubert K. Hepfinger, Freising

Satz: Fotosatz Skazel GmbH, München
Printed in Italy

88 87 86 85 84 5 4 3 2 1

ISBN 3-473-43193-1

Folgende Abkürzungen
werden bei den Arbeitsanleitungen verwendet:

M = Masche Rd = Runde
R = Reihe * = Wiederholungszeichen

Warme Wintersets

Set in Beige- und Brauntönen

Material
Dickes Dochtgarn in reiner Schurwolle, 200 g in Braun, 100 g in Beige und 100 g in Ecru. 1 Nadelspiel Nr. 7.

Grundmuster
In Rd glatt rechts nach der Strickschrift arbeiten.

Bündchenmuster
Abwechselnd 1 M rechts, 1 M links.

Maschenprobe
12 M und 16 Rd = 10 x 10 cm.

Arbeitsanleitung

Fausthandschuhe
24 M in Braun anschlagen, je 6 M auf 4 Nadeln verteilen und nach der Strickschrift im Grundmuster, jedoch die 11.–16. Rd im Bündchenmuster stricken. In der 27. Rd Daumenbeginn. Dafür 5 M stillegen, weiter im Grundmuster arbeiten. Handschuhspitze: s. Arbeitsanleitung Seite 9. Für den Daumen die 5 stillgelegten M wieder aufnehmen, unter dem Hilfsfaden die M aufnehmen, Hilfsfaden herausziehen, aus dem seitlichen Gestrick je 1 M aus dem Querdraht zunehmen und 7 cm im Grundmuster in Braun stricken. Für die Spitze in jeder Rd am Anfang jeder Nadel 2 M rechts verschränkt, am Ende rechts zusammenstricken, die restlichen 4 M zusammenziehen.

Mütze
64 M in Braun anschlagen und auf 4 Nadeln gleichmäßig verteilen und nach der Strickschrift in den gegebenen Farben im Grundmuster stricken, dabei nach 12 Rd die Arbeit für den Aufschlag wenden. Weiter nach der Strickschrift im Grundmuster arbeiten. Danach in Braun stricken. Für die Kopfabnahmen M-Zahl durch 8 teilen und 3 x in jeder 2. Rd, 5 x in jeder Rd 2 M rechts zusammenstricken.

Set in Rot und Blau

Material
Esslinger Wolle, Qualität Tornado, 200 g in Blau, je 100 g in Weiß und in Rot. 1 Nadelspiel Nr. 7.

Grundmuster
In Rd glatt rechts nach Strickschrift arbeiten. Jedes Farbzeichen = 1 M in der entsprechenden Farbe. Kreuze = rechte M, Punkte = linke M.

Bündchenmuster
Abwechselnd 1 M rechts, 1 M links.

Maschenprobe
12 M und 16 Rd = 10 cm x 10 cm.

Arbeitsanleitung

Fausthandschuhe
24 M in Blau anschlagen, je 6 M auf 4 Nadeln verteilen und nach der Strickschrift im Grundmuster, jedoch die 11.–16. Rd im Bündchenmuster stricken. In der 27. Rd ist der Daumenbeginn. Dafür 5 M am Anfang der 3. Nadel stillegen, mit einem Hilfsfaden 5 M neu anschlagen, weiter im Grundmuster arbeiten. Für die Spitze in jeder Rd am Anfang der 1. und 3. Nadel 2 M rechts verschränkt und am Ende der 2. und 4. Nadel 2 M rechts zusammenstricken. Die restlichen 4 M mit dem Faden vernähen. Für den Daumen die 5 stillgelegten M und die M unter dem Hilfsfaden aufnehmen. Hilfsfaden herausziehen, aus dem seitlichen Gestrick je 1 M aus dem Querdraht zunehmen, 7 cm im Grundmuster in Blau stricken. Für die Spitze die M auf 2 Nadeln nehmen, in jeder Rd am Anfang jeder Nadel 2 M rechts verschränkt, am Ende rechts zusammenstricken, die restlichen 4 M zusammenziehen.

Mütze
64 M in Blau anschlagen, dann auf 4 Nadeln gleichmäßig verteilen und nach der Strickschrift in den gegebenen Farben im Grundmuster stricken, dabei nach 12 Rd die Arbeit für den Aufschlag wenden. Weiter nach der Strickschrift im Grundmuster arbeiten. Danach in Blau die Kopfabnahmen stricken: M-Zahl durch 8 teilen und 3 x in jeder 2. Rd, 5 x in jeder Rd 2 M rechts zusammenstricken.

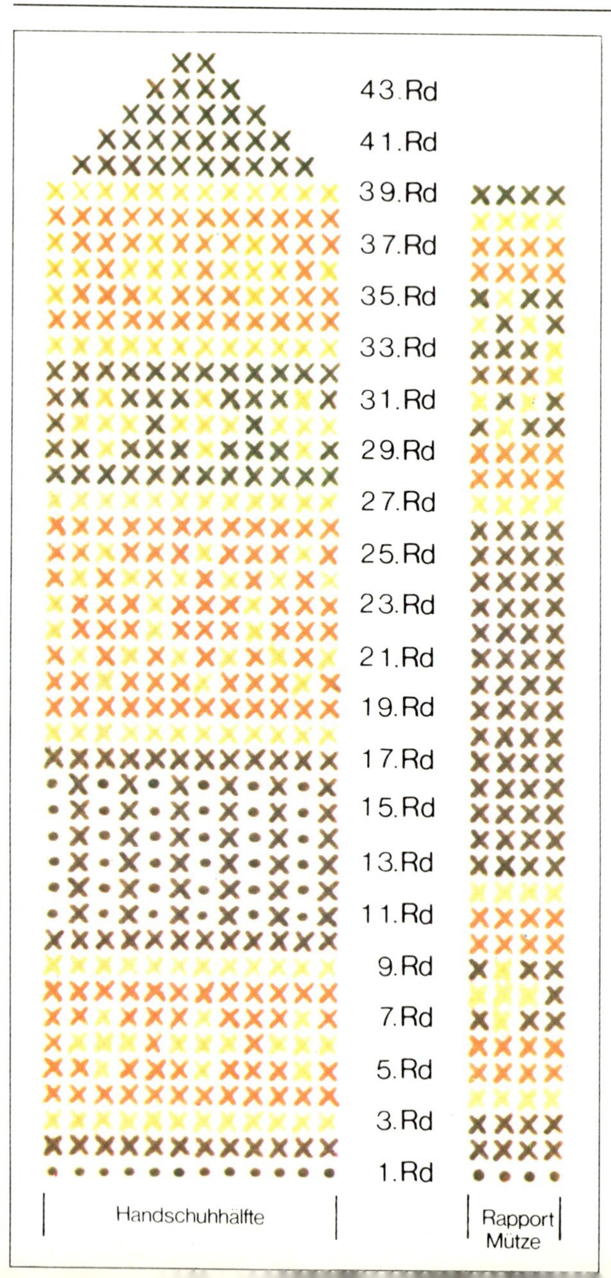

Einstrickmuster: Punkte = linke Maschen, Kreuze = rechte Maschen, in den gegebenen Farben.

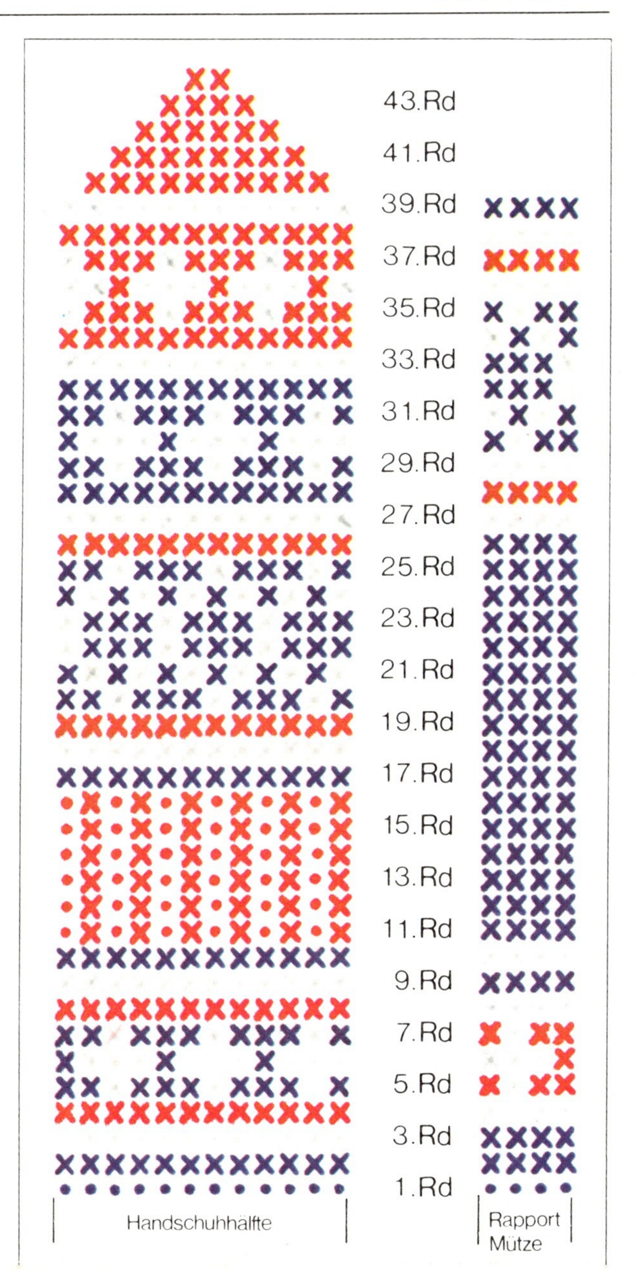
43. Rd
41. Rd
39. Rd
37. Rd
35. Rd
33. Rd
31. Rd
29. Rd
27. Rd
25. Rd
23. Rd
21. Rd
19. Rd
17. Rd
15. Rd
13. Rd
11. Rd
9. Rd
7. Rd
5. Rd
3. Rd
1. Rd
Handschuhhälfte
Rapport Mütze

Klassische Damenpullover

Pulli mit bordeauxroter Passe

Größen
38, 40 und 42. Bei unterschiedlichen Angaben: Größen 40 und 42 in Klammern. Oberweite des Modells 98 (102/106) cm, ganze Länge 70 cm.

Material
H. E. C. Wolle, Qualität aarlan polo, 550 (600/650) g in Ecru Nr. 3904 und 80 (100/120) g in Bordeaux Nr. 3841. Je ein Paar Stricknadeln Nr. 3½ und 4½. Ein Nadelspiel Nr. 4.

Grundmuster
Mit Nadeln Nr. 4½ in Ecru: Glatt rechts = Hin-R rechts, Rück-R links. Das Jacquardmuster nach Strickschrift arbeiten. Den nicht benötigten Faden auf der Rückseite locker mitführen, damit die Strickfläche elastisch bleibt.

Bündchenmuster
Mit Nadeln Nr. 3½ in Ecru: Abwechselnd 1 M rechts, 1 M links.

Maschenprobe
Mit Nadeln Nr. 4½ im Grundmuster: 10½ M und 14 R = 5 x 5 cm. Mit Nadeln Nr. 4½ im Jacquardmuster: 10½ M und 12½ R = 5 x 5 cm. Je nach Ergebnis feinere oder gröbere Nadeln verwenden.

Rücken
90 (94/100) M anschlagen und 7 cm im Bündchenmuster stricken. Weiter im Grundmuster arbeiten, dabei verteilt in der 1. R 15 (15/13) M aufnehmen = 105 (109/113) M. In 46 (45½/45) cm Gesamthöhe für die Armausschnitte beidseitig 1 x 4 (5/5) M abketten = 97 (99/103) M. Bei 47 cm ab Anschlag weiter im Jacquardmuster stricken. Das Muster von der Mitte aus einteilen. In 23 (23½/24) cm Höhe ab Armausschnitt (54 R im Jacquardmuster) für die Achseln beidseitig 2 x 12 (1 x 12 und 1 x 13/1 x 13 und 1 x 14) M abketten. Dabei nach der 56. R noch 2 R in Ecru stricken und die restlichen 49 M auf eine Hilfsnadel legen.

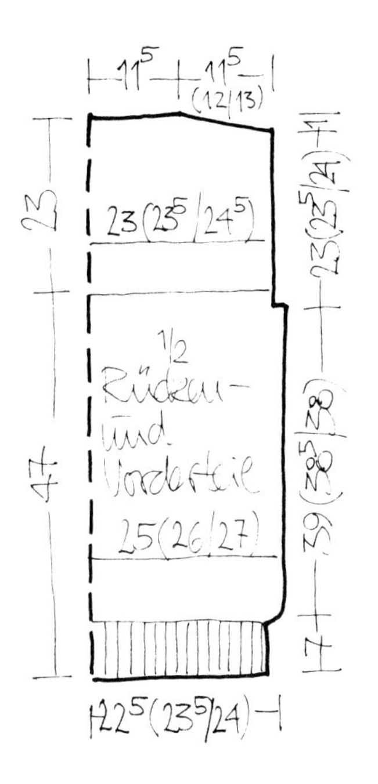
1/2
Rücken-
und
Vorderteil
25 (26/27)
23
47
7

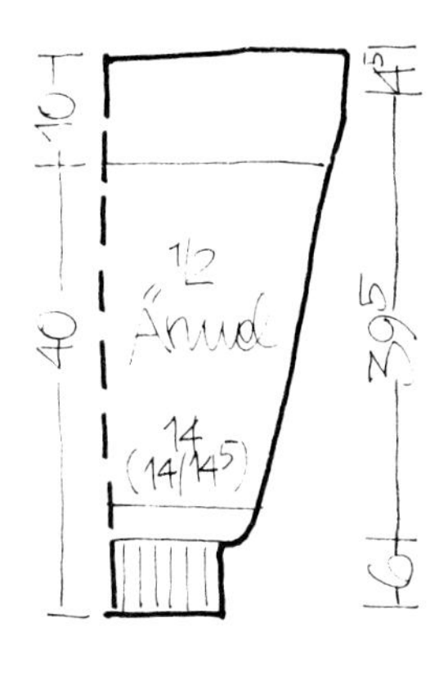
1/2
Ärmel
14
10
40
6

Vorderteil
Wie Rückenteil anfertigen.

Ärmel
48 M anschlagen und 6 cm im Bündchenmuster stricken. Weiter im Grundmuster arbeiten, dabei in der 1. R verteilt 11 (11/13) M aufnehmen = 59 (59/61) M. An beiden Kanten 7 x alle 2 ½ cm und 11 x alle 2 cm (3 x alle 2 ½, 13 x alle 2 und 4 x alle 1 ½ cm/3 x alle 2 ½, 13 x alle 2 und 4 x alle 1 ½ cm) 1 M aufnehmen. Bei 40 cm ab Anschlag weiter im Jacquardmuster, dabei wieder das Muster von der Mitte aus einteilen. Wenn alle Aufnahmen ausgeführt sind, sind 95 (99/101) M auf der Nadel. Dann gerade weiterarbeiten und bei einer Höhe von 50 cm ab Anschlag alle M abketten.
Das Jacquardmuster hat eine Höhe von 25 R.

Fertigstellung
Teile nach Schnitt spannen und mit feuchten Tüchern bedeckt trocknen lassen. Die Nähte schließen, dabei an den Ärmeln die obersten 2 (2 ½/2 ½) cm offenlassen. Um den Halsausschnitt alle M auf das Nadelspiel nehmen. In Ecru in Rd rechts stricken, dabei in der 1. Rd bei beiden Achselnähten je 2 M zusammenstricken = 96 M. Mit der 16. Rd locker abketten und die Hälfte nach innen säumen. Die Ärmel einsetzen, dabei je den offenen Rand an die abgeketteten M am Armausschnitt annähen.

Pulli in Marine und Natur

Größen
38, 40 und 42. Bei unterschiedlichen Angaben: Größe 40 und 42 in Klammern. Oberweite des Modells 100 (104/108) cm, ganze Länge 72 cm.

Material
H.E.C. Wolle, Qualität aarlan match, 550 (590/630) g in Marine Nr. 2636 und 350 (380/410) g in Ecru Nr. 2657. Je ein Paar Stricknadeln Nr. 3 ½ und 4 ½. Ein Nadelspiel Nr. 3 ½.

Grundmuster
Mit Nadeln Nr. 4 ½: Glatt rechts = Hin-R rechts, Rück-R links. Das Jacquardmuster nach der Strickschrift arbeiten. Den nicht benötigten Faden stets locker mitführen, damit die Strickfläche elastisch bleibt. Das Muster von der Mitte aus einteilen und die 5.–49. R fortlaufend wiederholen.

Die Strickschrift zum rechten Modell finden Sie auf Seite 16, zum linken Modell auf Seite 19.

Strickschrift

```
V - V - V - V - V - V - V - V - V - V - V - V - V - V - V - V - V - V - V - V - V - V - V
- V - V - V - V - V - V - V - V - V - V - V - V - V - V - V - V - V - V - V - V - V - V -   55.
V - V - V - V - V - V - V - V - V - V - V - V - V - V - V - V - V - V - V - V - V - V - V
- - - - - - - - - - - - - - - - - - - - - - - - - - - - - - - - - - - - - - - - - - - - -   53.
V - V V V - V V - - V - V - V - V - - V V - V V V - V - - - V - - - V - V V V - V V - - V
- V V V - V V - - V V V - V - V V V - - V V - V V V - V - V V V - V - V V V - V V - - V V   51.
V V V - V V - - V V V V V V V V V V V V V - - V V - V V V - V - V - V - V V V - V V - - V V V
V V - V V - - V V V V V - V - V V V V V - - V V - V V V - V - V - V V V - V V - - V V V V   49.
V - V V - V - - - V V V - V - V V V - - - V - V V - V V V - V - V V V - V V - V - - V V V
- V V - - - V - - - V V - V - V V - - - V - - - V V - V V V - V V V - V V - - - V - - V V   47
V V - - V - - V - - - V V V V V - - - V - - V - - V V - V V V V V V - V V - - V - - V - - V
V - - V V - - - V - - - V - V - - - V - - - V V - - V V - V V V - V V - - V V - - - V - -   45.
- - V V V V - - - V - - V V V - - V - - - V V V V - - V V - V - V V - - V V V V - - - V -
- V V V V V V - - - V - - V - - V - - - V V V V V V - - V V - V V - - V V V V V V - - - V   43.
- - V V V V V V - - - V - - - V - - - V V V V V V - - - - V - V - - - - V V V V V V - - -
- V - V - - - V V V - - V - V - - V V V - - - V - V - - V V V V V V - - V - V - - - V V V -   41.
- - V V V V V V - V - - - V - - - V - V V V V V V - - V - V - V - V - - V V V V V V - V -
- V - V - - - V V V V - V V V - V V V V - - - V - V - - V - V - V - - V - V - - - V V V V   39.
- - V V V V V V - V - - - V - - - V - V V V V V V - - V - V - V - V - - V V V V V V - V -
- V - V - - - V V V - - V - V - - V V V - - - V - V - - V V V V V V - - V - V - - - V V V -   37.
- - V V V V V V - - - V - - - V - - - V V V V V V - - - - V - V - - - - V V V V V V - - -
- V V V V V V - - - V - - V - - V - - - V V V V V V - - V V - V V - - V V V V V V - - - V   35.
- - V V V V - - - V - - V V V - - V - - - V V V V - - V V - V - V V - - V V V V - - - V -
V - - V V - - - V - - - V - V - - - V - - - V V - - V V - V V V - V V - - V V - - - V - -   33.
V V - - V - - V - - - V V V V V - - - V - - V - - V V - V V V V V V - V V - - V - - V - - V
- V V - - - V - - - V V - V - V V - - - V - - - V V - V V V - V V V - V V - - - V - - V V   31.
V - V V - V - - - V V V - V - V V V - - - V - V V - V V V - V - V V V - V V - V - - V V V
V V - V V - - V V V V V - V - V V V V V - - V V - V V V - V - V - V V V - V V - - V V V V   29.
V V V - V V - - V V V V V V V V V V V V V - - V V - V V V - V - V - V - V V V - V V - - V V V
- V V V - V V - - V V V - V - V V V - - V V - V V V - V - V V V - V - V V V - V V - - V V   27
V - V V V - V V - - V - V - V - V - - V V - V V V - V - - - V - - - V - V V V - V V - - V
- - - - - - - - - - - - - - - - - - - - - - - - - - - - - - - - - - - - - - - - - - - - -   25.
V - V - V - V - V - V - V - V - V - V - V - V - V - V - V - V - V - V - V - V - V - V - V
- V - V - V - V - V - V - V - V - V - V - V - V - V - V - V - V - V - V - V - V - V - V -   23.
V - V - V - V - V - V - V - V - V - V - V - V - V - V - V - V - V - V - V - V - V - V - V
- - - - - - - - - - - - - - - - - - - - - - - - - - - - - - - - - - - - - - - - - - - - -   21.
- - - - - - - - - - - - - - - - - - - - - - - - - - - - - - - - - - - - - - - - - - - - -
V V V V - V - V - V - V V V V V - V - V - V - V V V V V - V - V - V - V V V V V - V - V -   19.
V V V - V - V V V - V - V V V - V - V V V - V - V V V - V - V V V - V - V V V - V - V V V
- V - V - V V V V V - V - V - V - V V V V V - V - V - V - V V V V V - V - V - V - V V V V   17
- - V - V V V - V V V - V - V - V V V - V V V - V - V - V V V - V V V - V - V - V V V V V
- V - V V V - - - V V V - V - V V V - - - V V V - V - V V V - - - V V V - V - V V V - V V   15.
- - V V V - - V - - V V V - V V V - - V - - V V V - V V V - - V - - V V V - V V V - - V -
- V V V - - V V V - - V V V V V - - V V V - - V V V V V - - V V V - - V V V V V - - V V V   13.
V V V - - V V V V V - - V V V - - V V V V V - - V V V - - V V V V V - - V V V - - V V V V
V V - - V V V - V V V - - V - - V V V - V V V - - V - - V V V - V V V - - V - - V V V - V   11.
- - - V V V - V - V V V - - - V V V - V - V V V - - - V V V - V - V V V - - - V V V - V -
- - V V V - V - V - V V V - V V V - V - V - V V V - V V V - V - V - V V V - V V V - V - V   9.
V V V V - V - V - V - V V V V V - V - V - V - V V V V V - V - V - V - V V V V V - V - V -
V V V - V - V V V - V - V V V - V - V V V - V - V V V - V - V V V - V - V V V - V - V V V   7
- V - V - V V V V V - V - V - V - V V V V V - V - V - V - V V V V V - V - V - V - V V V V
- - - - - - - - - - - - - - - - - - - - - - - - - - - - - - - - - - - - - - - - - - - - -   5.
- - - - - - - - - - - - - - - - - - - - - - - - - - - - - - - - - - - - - - - - - - - - -
V - V - V - V - V - V - V - V - V - V - V - V - V - V - V - V - V - V - V - V - V - V - V   3.
- V - V - V - V - V - V - V - V - V - V - V - V - V - V - V - V - V - V - V - V - V - V -
V - V - V - V - V - V - V - V - V - V - V - V - V - V - V - V - V - V - V - V - V - V - V   1.
```

↓
Mitte

In der 6.–19. R besteht ein Rapport aus 12 M und in der 26.–52. R aus 34 M.

– = 1 M in Ecru
V = 1 M in Bordeaux

Bündchenmuster
Mit Nadeln Nr. 3½: Abwechselnd 1 M rechts, 1 M links.

Maschenprobe
Mit Nadeln Nr. 4½: 16½ M und 13 R im Jacquardmuster = 8 cm Breite und 5 cm Höhe. Je nach Ergebnis feinere oder gröbere Nadeln verwenden.

Arbeitsanleitung

Rücken
90 (94/100) M anschlagen und 7 cm im Bündchenmuster stricken. Weiter im Grundmuster das Jacquardmuster (s. Strickschrift) arbeiten, dabei verteilt in der 1. R 15 (15/13) M aufnehmen = 105 (109/113) M. Die 1. R beginnt mit der Rand-M, 3 (5/1) M in Marine, 1 M in Ecru, 5 M in Marine. Die 9. (9./10.) M in Ecru ist die Mitte der Arbeit. Die 5.–49. R fortlaufend wiederholen. Für die Armausschnitte in 47 (46½/46) cm Gesamthöhe beidseitig 1x4 (5/5) M abketten = 97 (99/103) M. Nach 24 (24½/25) cm ab Armausschnitt beidseitig 2x16 (2x16/2x17) M abketten. Die restlichen 33 (35/35) M locker abketten.

Vorderteil
Wie Rückenteil anfertigen, jedoch 16 (16/16½) cm ab Armausschnitt für den Halsausschnitt die mittleren 7 (9/9) M locker abketten und beidseitig davon 1x3, 2x2, 5x1 M abketten. In der 4. folgenden R nochmals 1 M abnehmen.

Ärmel
52 (52/54) M anschlagen und 6 cm im Bündchenmuster stricken. Weiter im Jacquardmuster arbeiten, dabei in der 1. R 9 (11/11) M aufnehmen. Das Muster wie beim Rückenteil von der Mitte aus einteilen. Die 1. R beginnt mit Rand-M, 5 M in Marine (1 M in Ecru/1 M in Marine). Die 5. (6./6.) M in Ecru ist die Mitte der Arbeit. An beiden Kanten 7 (8/9) x alle 2½ cm und 11 (10/9) x alle 2 cm 1 M aufnehmen = 97 (99/101) M. Gerade weiterarbeiten und bei 48 (48½/49) cm ab Anschlag alle M locker abketten.

Fertigstellung
Teile nach Schnitt spannen und mit feuchten Tüchern bedeckt trocknen lassen.
Die Nähte schließen, dabei an den Ärmeln die obersten 2 (2½/2½) cm offenlassen. In Marine am Halsausschnitt des Rückenteils mit dem Nadelspiel 31 (33/33) M auffassen und am Vorderteil 51 (53/55) M. Im Bündchenmuster arbeiten. In der 18. Rd locker abketten und die Hälfte nach innen säumen. Die Ärmel einsetzen, dabei je den offenen Rand an die abgeketteten M am Armausschnitt annähen.

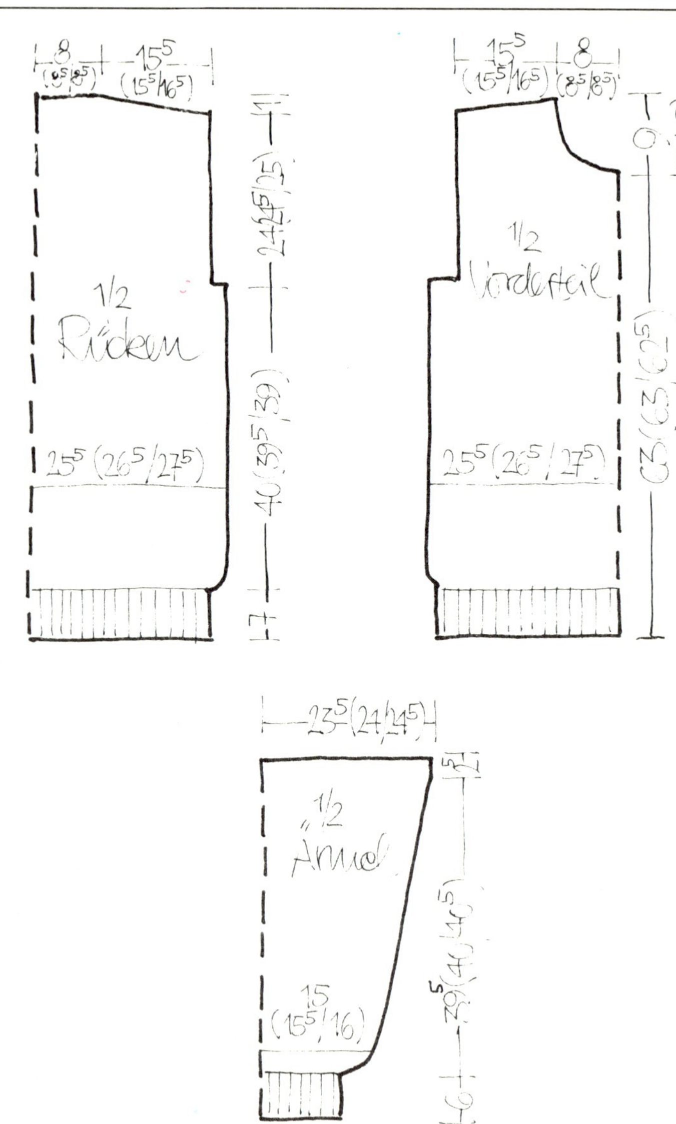
1/2 Rücken
1/2 Vorderteil
1/2 Ärmel

Strickschrift

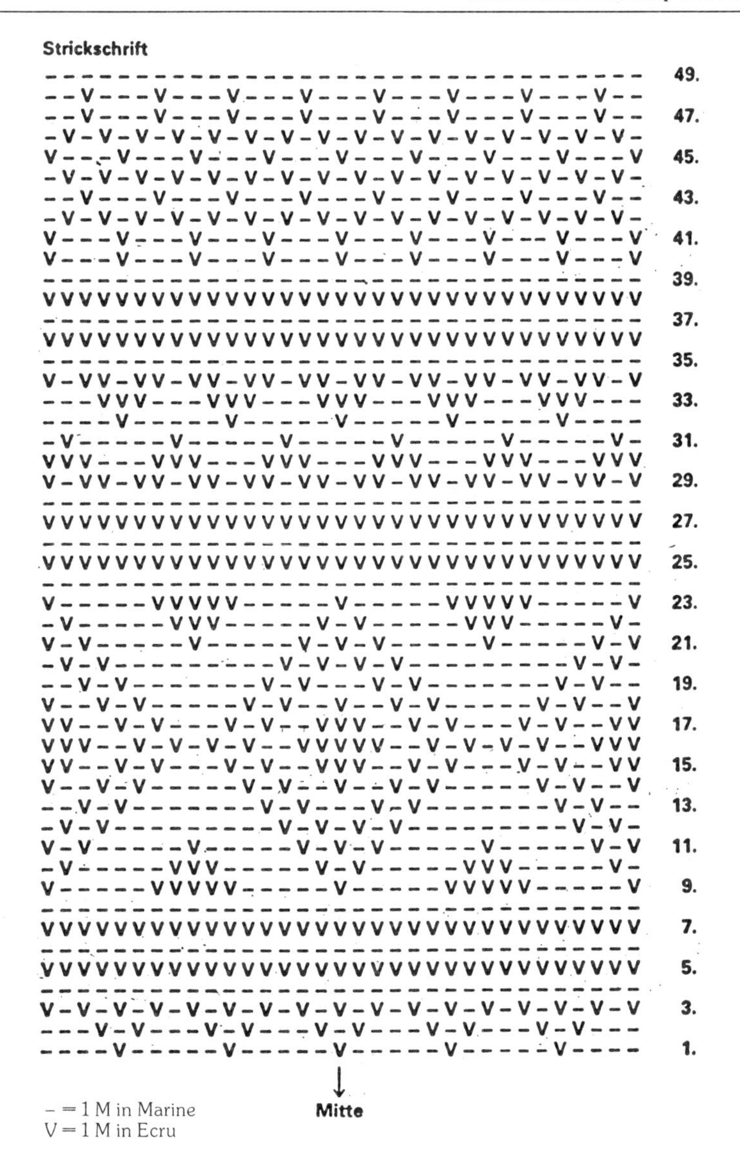

– = 1 M in Marine
V = 1 M in Ecru

Sportlicher Damenpullover

Größen
38, 40/42. Bei unterschiedlichen Angaben: Größe 40/42 in Klammern.

Material
Schoeller Wolle, Qualität tornado, 900 g in Grau Nr. 09, je 100 g in Braun Nr. 16 und in Natur Nr. 13. Je ein Paar Stricknadeln Nr. 4 ½ und 5. Eine Rundstricknadel Nr. 4 ½, 50 cm lang, 2 Hilfsnadeln.

Grundmuster
Mit Nadeln Nr. 5: Glatt rechts = Hin-R rechts, Rück-R links.

Einstrickmuster
Im Grundmuster nach Strickschrift I und II arbeiten.

Bündchenmuster
Mit Nadeln Nr. 4 ½: Abwechselnd 2 M rechts, 2 M links.

Maschenprobe
Mit Nadeln Nr. 5 glatt rechts: 15 M und 19 R = 10 x 10 cm.

Arbeitsanleitung

Rücken
74 (82) M in Grau anschlagen und im Bündchenmuster 9 cm stricken. Anschließend im Einstrickmuster 6 R nach Strickschrift I stricken, dabei in der 1. R verteilt 9 M zunehmen. Im Grundmuster in Grau weiterarbeiten. Nach 35 cm ab Bund für den Armausschnitt beidseitig 5 M abketten, nach weiteren 2 cm nach Strickschrift II arbeiten. Nach 21 (22) cm ab Armausschnitt für den Halsausschnitt die mittleren 23 (25) M und beidseitig davon 1 x 3 M abketten. Die restlichen 22 (25) M je Schulter auf Hilfsnadeln stillegen.

Vorderteil
Wie Rückenteil arbeiten, jedoch nach 15 (17) cm ab Armausschnitt für den Halsausschnitt die mittleren 13 (15) M abketten und beidseitig davon 1 x 3, 1 x 2 und 3 x 1 M abketten. Nach 66 (68) cm ab Anschlag die Schulter-M wie am Rückenteil stillegen.

cm
9,5(10)
15 (17)
3,5

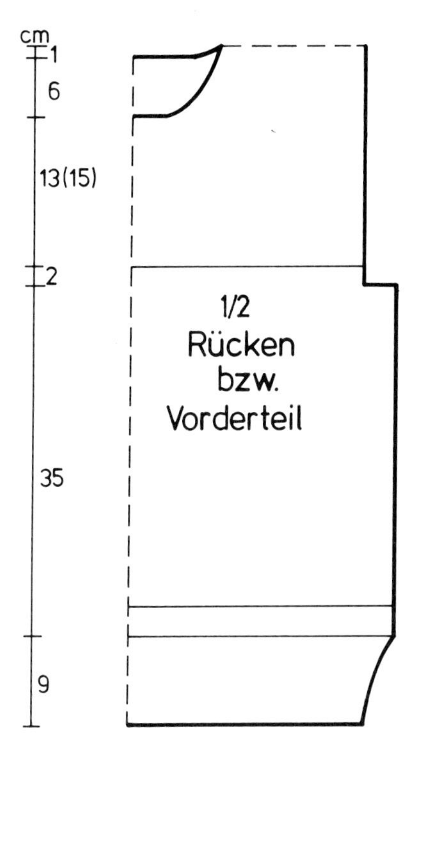
cm
1
6
13(15)
2
35
9
1/2
Rücken
bzw.
Vorderteil

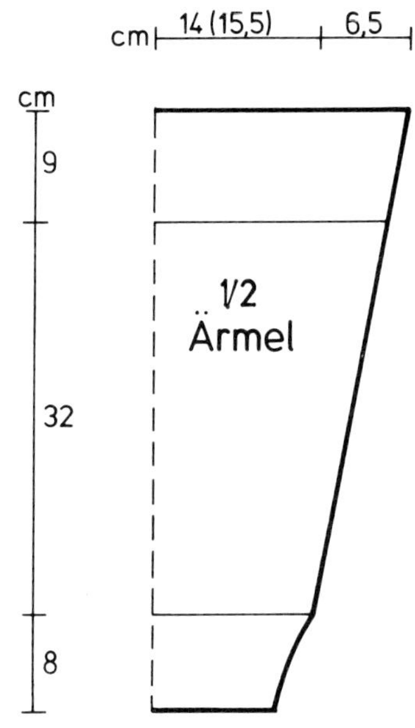
cm
14 (15,5)
6,5
cm
9
32
8
1/2
Ärmel

Ärmel

In Grau 32 (36) M anschlagen und im Bündchenmuster 8 cm stricken. Weiter wie am Rückenteil arbeiten, jedoch in der 1. R verteilt 11 M zunehmen und beidseitig 10 x 1 M jede 6. R zunehmen.

Nach 32 cm ab Bund die 1.–16. R nach Strickschrift II stricken und bei einer Gesamthöhe von 49 cm alle M abketten.

Fertigstellung

Teile nach Schnitt spannen und mit feuchten Tüchern bedeckt trocknen lassen.

Offene Maschen der Schultern im Maschenstich verbinden. Nähte schließen, dabei die obere Ärmelnaht ca. 3 cm offenlassen. Ärmel einsetzen, offenes Stück der Ärmelnähte an die unteren geraden Kanten der Armausschnitte nähen. Aus dem Halsausschnitt mit der Rundstricknadel 76 M in Grau aufnehmen, 1 Rd rechts und 6 Rd im Bündchenmuster stricken. Alle M im M-Rhythmus abketten.

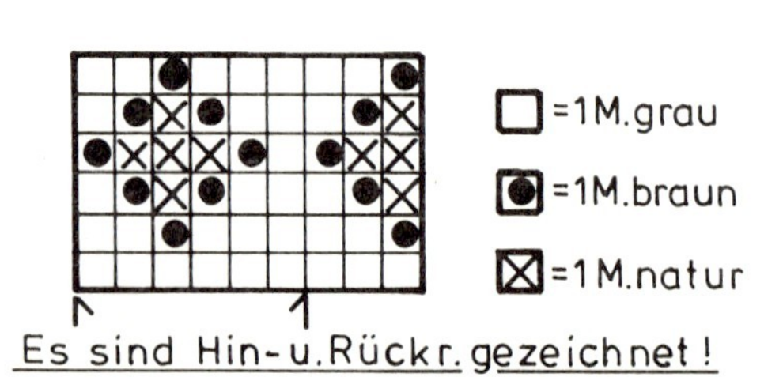

II

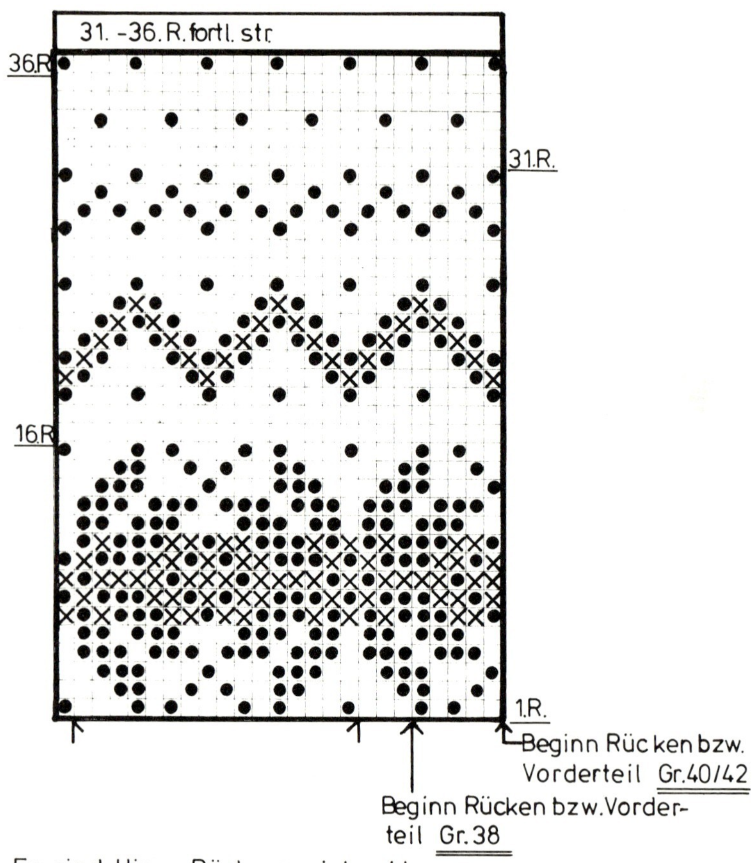

Es sind Hin- u. Rückr. gezeichnet!

□ = 1 M. grau

● = 1 M. braun

☒ = 1 M. natur

Damenpulli mit Musterplastron

Größe
38/40

Material
Schoeller Wolle, Qualität janine, 250 g in Banane Nr. 07 und je 50 g in Kamel Nr. 08 und in Oliv Nr. 16. Je 1 Paar Stricknadeln Nr. 3 und 4, 1 Rundstricknadel Nr. 3, Länge 40 cm.

Grundmuster
Mit Nadeln Nr. 4 in Banane: Glatt rechts = Hin-R rechts, Rück-R links.

Einstrickmuster
Siehe Strickschrift.

Maschenprobe
Mit Nadeln Nr. 4 im Grundmuster: 20 M und 24 R = 10 x 10 cm.

Arbeitsanleitung

Rücken
86 M in Banane mit Nadeln Nr. 3 anschlagen und im Bündchenmuster 2 M rechts, 2 M links 8 cm stricken. Weiter im Grundmuster mit Nadeln Nr. 4, dabei in der 1. R verteilt 17 M zunehmen. Nach 58 cm ab Anschlag für den Halsausschnitt die mittleren 29 M abketten und beidseitig davon 1 x 2 und 1 x 1 M abketten. Nach weiteren 2 cm die restlichen 34 Schulter-M stillegen.

Vorderteil
Wie Rücken beginnen. Nach 5 cm = 14 R ab Bund über der mittleren M den Jacquardeinsatz einstricken (siehe Strickschrift). Nach 55 cm ab Anschlag für den Halsausschnitt die mittleren 19 M abketten und beidseitig davon 1 x 3, 2 x 2 und 1 x 1 M abketten. Nach weiteren 5 cm die Schulter-M wie am Rückenteil stillegen.

Ärmel
44 M in Banane mit Nadeln Nr. 3 anschlagen und im Bündchenmuster 2 M rechts, 2 M links 5 cm stricken. Weiter im Grundmuster mit Nadeln Nr. 4, dabei in der 1. R verteilt 14 M

zunehmen. Insgesamt 39 cm ab Bund stricken, dabei beidseitig 9 x 1 M in jeder 10. R und 2 x 1 M in jeder 4. R zunehmen.

Fertigstellung
Die offenen M der Schultern im M-Stich verbinden. Ärmel einsetzen = offene M der Ärmel im Steppstich aufnähen. Ärmel- und Seitennähte schließen. Für die Halsblende aus dem Halsausschnitt (Innenseite) 120 M mit der Rundstricknadel aufnehmen und im Bündchenmuster 2 M rechts, 2 M links 28 Rd stricken und anschließend die M auf einen Hilfsfaden legen. Den Kragen nach außen umschlagen und die offenen M im Steppstich auf die Ausschnittkante nähen.

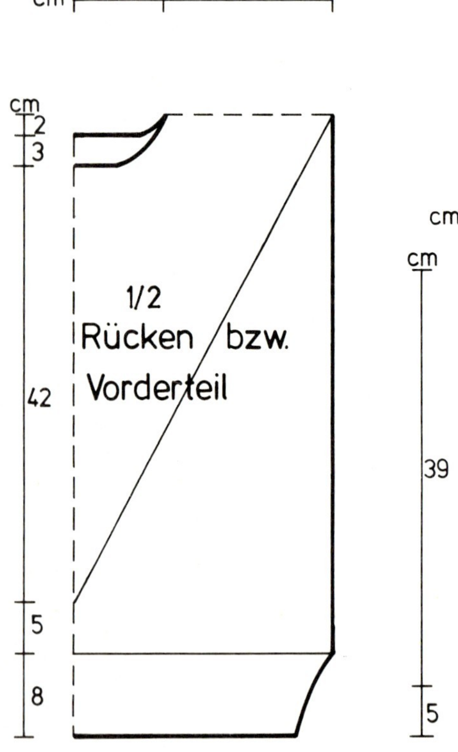

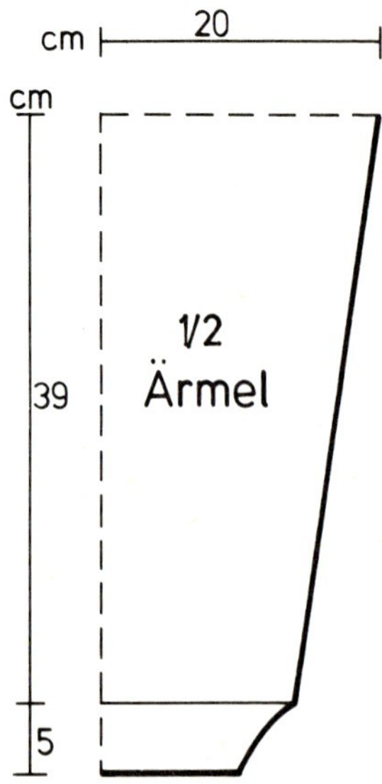

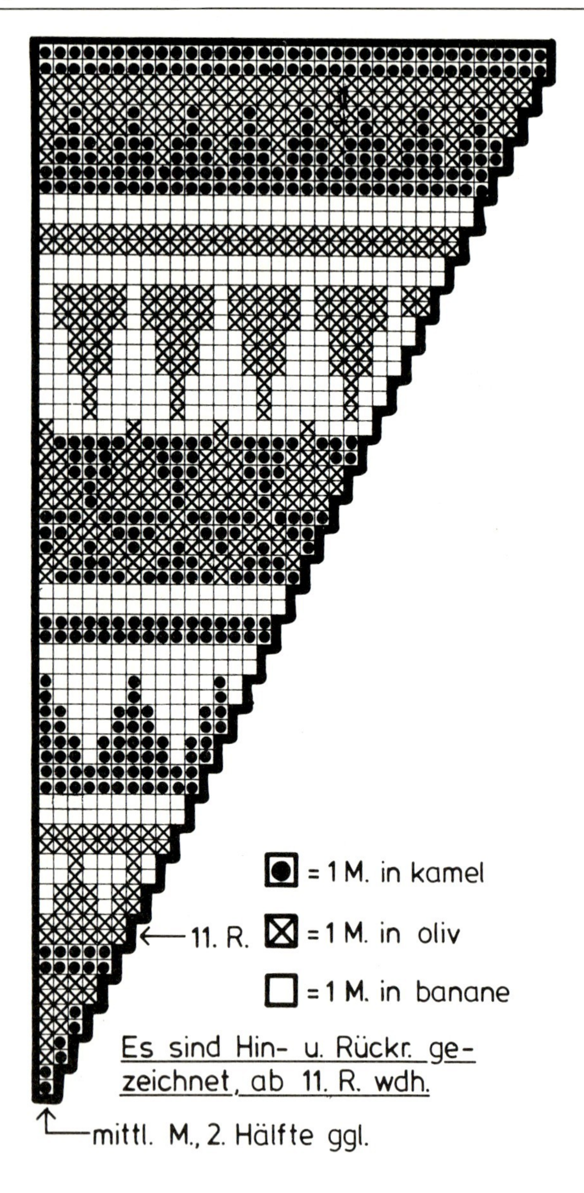
= 1 M. in kamel
= 1 M. in oliv
= 1 M. in banane
11. R.
Es sind Hin- u. Rückr. gezeichnet, ab 11. R. wdh.
mittl. M., 2. Hälfte ggl.

Rollkragenpullover, Mütze, Stulpen

Größen
38/40 und 42/44. Bei unterschiedlichen Angaben: Größe 42/44 in Klammern.

Material
Austermann Wolle, Qualität Schafwolle 300, 500 g in Natur Nr. 314, je 100 g in Dunkelblau Nr. 312 und in Blau Nr. 315. Ein Paar Stricknadeln Nr. 5 und 6. Je eine Rundstricknadel Nr. 5 und 6, Länge 80 und 120 cm. Je ein Nadelspiel Nr. 5 und 6.

Grundmuster
Mit Nadeln Nr. 6: Glatt rechts = Hin-R rechts, Rück-R links. In Runden nur rechte M stricken.

Einstrickmuster
Mit Nadeln Nr. 6: Im Grundmuster nach Strickschrift arbeiten.

Bündchenmuster
Mit Nadeln Nr. 5: Abwechselnd 1 M rechts, 1 M links.

Maschenprobe
Mit Nadeln Nr. 6 im Grundmuster: 14 M und 21 R = 10 x 10 cm.

Arbeitsanleitung

Unteres Pulloverteil
Der Pullover wird bis zum Armausschnitt in Rd gearbeitet.
132 (138) M in Natur anschlagen und 8 cm im Bündchenmuster mit der Rundstricknadel stricken. Weiter im Einstrickmuster mit der Rundstricknadel Nr. 6 nach Strickschrift A arbeiten. Danach im Grundmuster in Natur weiterstricken. Nach 40 cm ab Anschlag für die Raglanschrägung die Arbeit in je 66 (69) M teilen.

Rücken
Mit den 66 (69) Rücken-M mit Nadeln Nr. 6 weiterstricken und beidseitig in jeder 2. R 6x1 M abnehmen. Die restlichen M stillegen.

Vorderteil
Wie Rückenteil anfertigen.

Ärmel
Mit Nadeln Nr. 5 in Natur 28 M anschlagen und 8 cm im Bündchenmuster stricken. In der letzten R verteilt 12 (13) M zunehmen = 40 (41) M. Weiter mit Nadeln Nr. 6 im Einstrickmuster nach Strickschrift A arbeiten. Anschließend im Grundmuster in Natur weiterstricken und in jeder 9. R beidseitig 8 x 1 M zunehmen = 56 (57) M. Nach 43 cm ab Anschlag für die Raglanschrägung in jeder 2. R beidseitig 5 x 1 M abnehmen = 46 (47) M. Restliche M stillegen. Den 2. Ärmel genauso stricken.

Passe
Alle Teile wie folgt auf die lange Rundstricknadel nehmen: 46 (47) M (linker Ärmel), 54 (57) M (Rükken), 46 (47) M (rechter Ärmel), 54 (57) M (Vorderteil) = 200 (208) M. Nun im Einstrickmuster nach Strickschrift B arbeiten. Die schwarzen Kästchen bezeichnen die Stellen, an denen 2 M zusammengestrickt werden. Noch 2 (0) M verteilt abnehmen. Im Anschluß an Strickschrift B, Strickschrift C arbeiten. In der letzten Rd in Natur noch 4 (8) M verteilt abnehmen = 70 M. Mit dem Nadelspiel Nr. 5 noch 18 cm im Bündchenmuster stricken und M abketten.

Fertigstellung
Nähte schließen, Unterarmnähte im M-Stich verbinden. Den Kragen nach innen legen und festnähen.

Stulpen

Material
200 g in Natur Nr. 314, Reste in Dunkelblau Nr. 312 und in Blau Nr. 315.
Mit Nadeln Nr. 5 in Natur 42 M anschlagen und 10 cm im Bündchenmuster stricken. Weiter im Einstrickmuster mit Nadeln Nr. 6 arbeiten und fortlaufend den Rapport der Strickschrift D stricken. Dabei in jeder 9. R beidseitig 10 x 1 M zunehmen = 62 M. Nach einer Gesamthöhe von 55 cm im Bündchenmuster mit Nadelspiel Nr. 5 in Natur 10 cm stricken und alle M locker abketten. Die 2. Stulpe genauso strikken.

Fertigstellung
Die Seitennähe schließen.

Mütze

Material
100 g in Natur, Reste in Dunkelblau und Blau.
60 M in Natur anschlagen und 4 cm im Bündchenmuster mit dem Nadelspiel Nr. 5 stricken. Weiter im Einstrickmuster nach Strickschrift A mit dem Nadelspiel Nr. 6 arbeiten.

Anschließend 14 Rd glatt rechts in Natur stricken und 5 x in jeder 2. Rd gleichmäßig verteilt 6 x 2 M zusammenstricken. Dann in jeder 2. Rd je 2 M zusammenstricken. Die restlichen M mit einem Faden zusammenziehen.

Fertigstellung

Einen Pompon von 8 cm Durchmesser in Natur fertigen und auf die Mütze nähen.

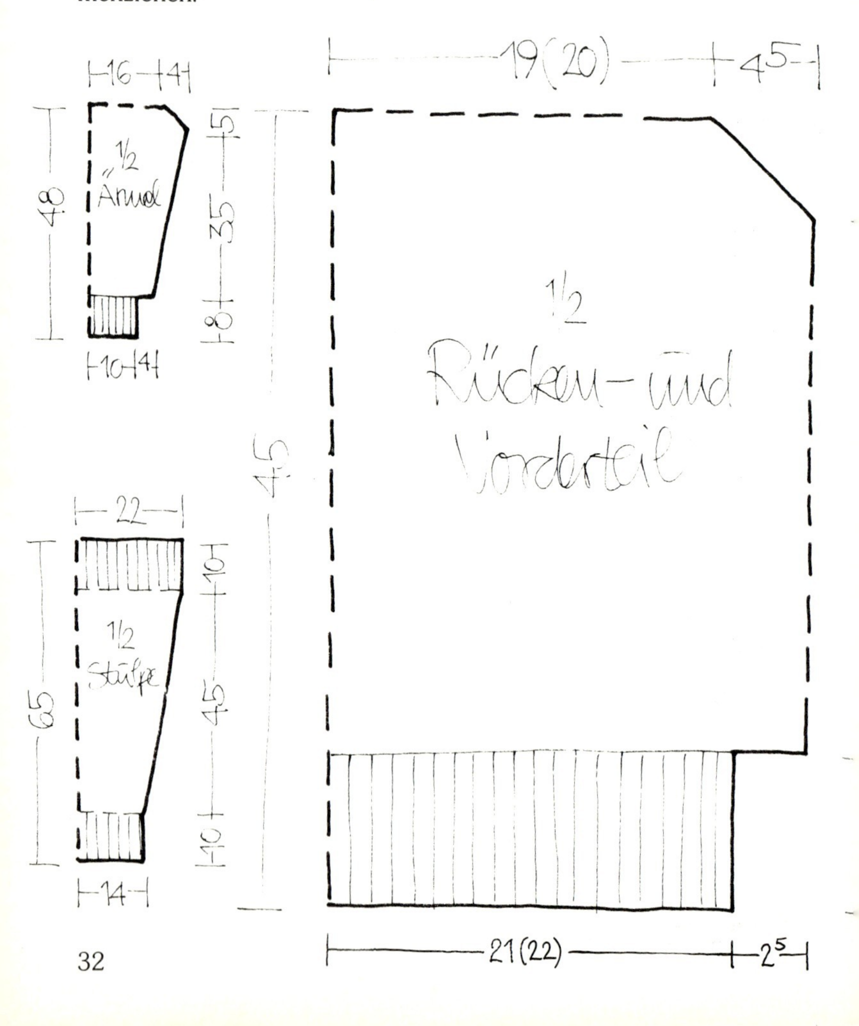

Skizze:
Gegeben ist die re Maschenseite.

Zeichenerklärung:
1 Kästchen = 1 M und 1 R

= 1 M in Fb 314

= 1 M in Fb 315

= 1 M in Fb 312

B

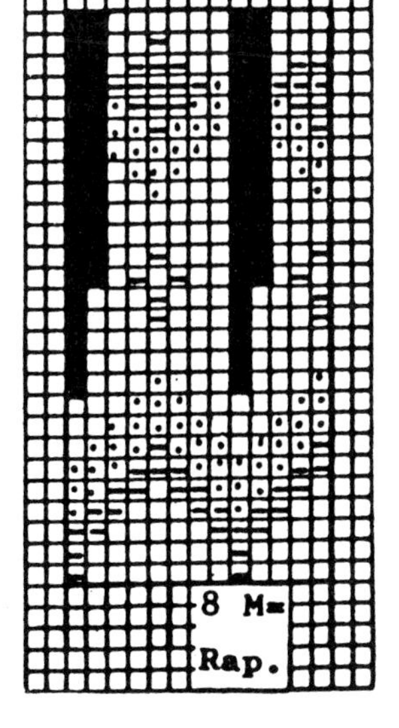

A

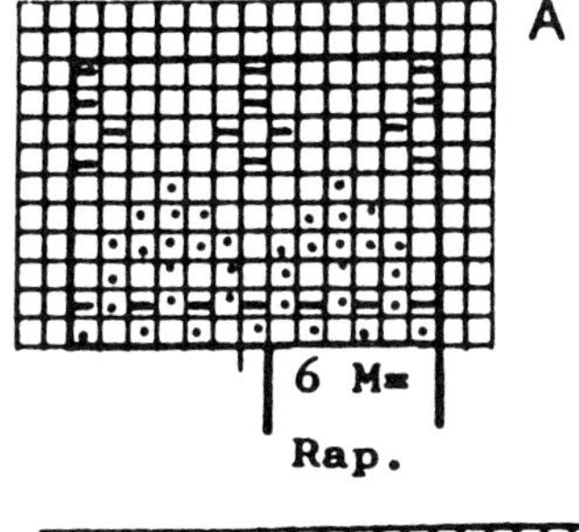

C

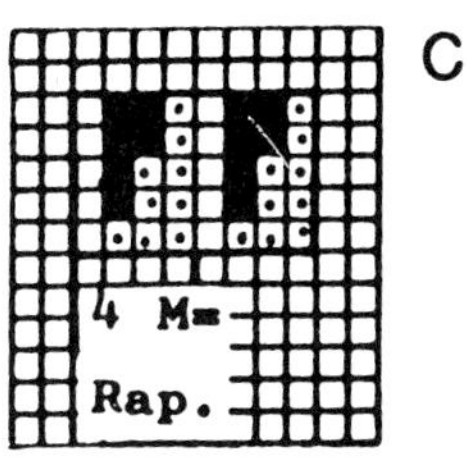

D

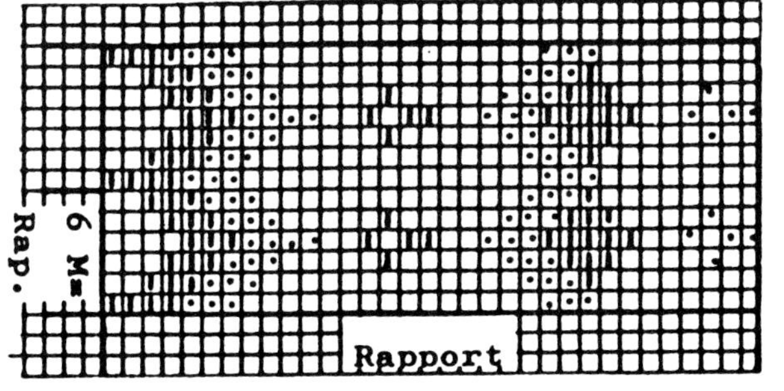

Roter Damenpullover mit Rundpasse

Größen
36, 38/40 und 42. Bei unterschiedlichen Angaben: Größen 38/40 und 42 in Klammern. Oberweite des Modells 96 (100/104) cm, ganze Länge 66 (68/69) cm.

Material
H. E. C. Wolle, Qualität aarlan royaltweed: 460 (500/550) g in Bordeaux Nr. 1306. Qualität aarlan royal: 30 g in Rot Nr. 4319, 20 g in Blau Nr. 4321 und 20 g in Petrol Nr. 4287. Je ein Paar Stricknadeln Nr. 3 ½ und 4 ½. Eine Rundstricknadel Nr. 4 ½. Ein Nadelspiel Nr. 3 ½.

Grundmuster
Mit Nadeln Nr. 4 ½ in Bordeaux: Glatt rechts = Hin-R rechts, Rück-R links. In Rd nur rechte M stricken.

Jacquardmuster
Mit Nadeln Nr. 4 ½ nach der Strickschrift arbeiten. In Rd immer rechts stricken. Den nicht benötigten Faden auf der Rückseite locker mitführen, damit die Strickfläche elastisch bleibt.

Bündchenmuster
Mit Nadeln Nr. 3 ½ in Bordeaux: Abwechselnd 1 M rechts, 1 M links.

Maschenprobe
11 M und 14 R im Grundmuster bzw. 11 ½ M und 12 Rd im Jacquardmuster = 5 x 5 cm.
Je nach Ergebnis feinere oder gröbere Nadeln verwenden.

Arbeitsanleitung

Rücken
96 (100/104) M anschlagen und im Bündchenmuster arbeiten. Nach 6 ½ cm im Grundmuster weiterstricken, dabei verteilt in der 1. R 13 M aufnehmen = 109 (113/117) M. Für den Armausschnitt in 41 (43/43) cm Höhe ab Anschlag beidseitig 1 x 3 und 1 x 2 (1 x 4 und 1 x 3/1 x 4, 1 x 3 und 1 x 2) M abketten. Die restlichen 99 M auf einer Hilfsnadel stillegen.

Vorderteil
Wie Rückenteil anfertigen.

Ärmel

52 (54/56) M anschlagen und im Bündchenmuster arbeiten. Nach 6 cm im Grundmuster weiterstrikken, dabei verteilt in der 1. R 11 (11/13) M aufnehmen = 63 (65/69) M. An beiden Kanten 6x alle 3 ½ cm und 5x alle 3 cm (12x alle 3 cm / 12x alle 3 cm) 1 M aufnehmen = 85 (89/93) M. Bei 45 (45/44) cm ab Anschlag beidseitig 1x3 und 1x2 (1x4 und 1x3 / 1x4, 1x3 und 1x2) M abketten. Die restlichen 75 M auf eine Hilfsnadel legen.

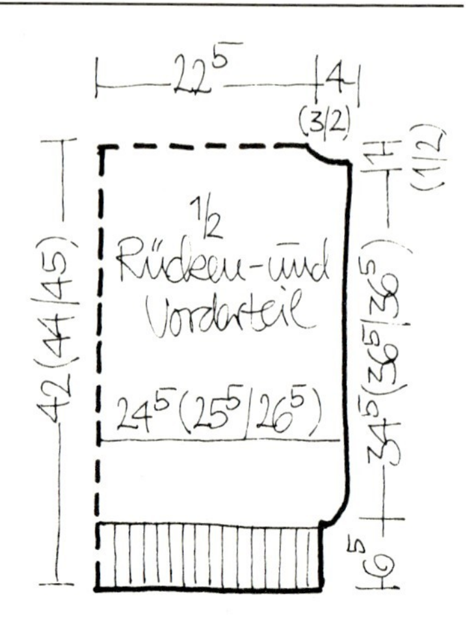

Passe

Zuerst alle Teile auf die Maße aufstecken, ein feuchtes Tuch darüberlegen und trocknen lassen. Nun die M in der Reihenfolge 1. Ärmel, Vorderteil, 2. Ärmel, Rückenteil auf die Rundstricknadel legen = 348 M. Im Jacquardmuster arbeiten, dabei so beginnen, daß in der 1. Rd 1 rote M in die vordere Mitte trifft. Weiter auch nach den Abnahmen stets so begin-

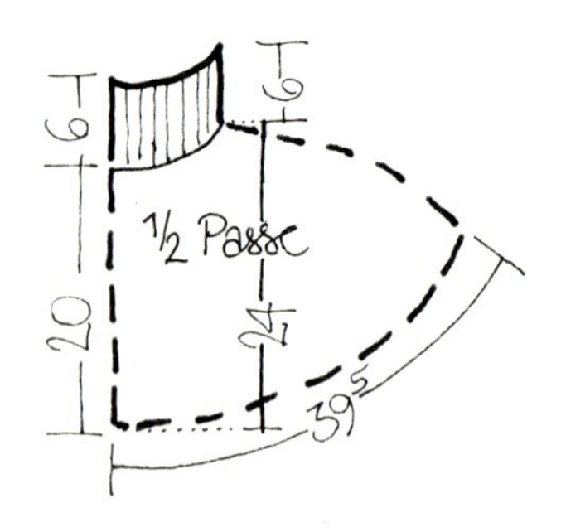

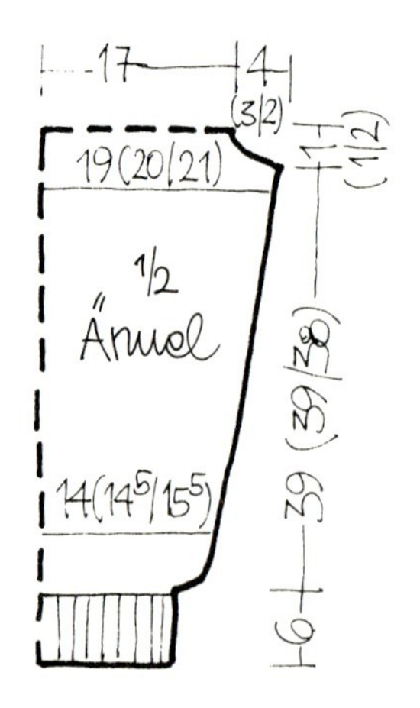

nen, daß das M-Bild in der Strickschrift über dem Pfeil die vordere Mitte bildet. In der 5. Rd stets 6 M stricken, 2 M rechts zusammenstricken. Es werden 43 M abgenommen = 305 M. In der 6. Rd am Rückenteil 1 M abnehmen = 304 M. In der 21. Rd je 5 M stricken, 2 M rechts zusammenstricken und in der 22. Rd im Vorderteil 1 M abnehmen = 260 M. In der 26. Rd je 4 M stricken, 2 M rechts zusammenstricken und in der 27. Rd am 1. Ärmel 1 M abnehmen = 216 M. In der 35. Rd je 3 M stricken, 2 M rechts zusammenstricken und in der 36. Rd am 2. Ärmel 1 M abnehmen = 172 M. In der 43. Rd je 2 M stricken, 2 M rechts zusammenstricken, dabei verteilt 3 x 1 Abnahme weglassen, so daß 132 M bleiben. Wenn 48 Rd gestrickt sind, mit dem Nadelspiel in Bordeaux 1 M rechts, 1 M links stricken, dabei verteilt in der 1. Rd auf 82 M abnehmen, d. h. im Wechsel 1 x 2 M zusammenstricken, 1 M stricken und 2 x 2 M zusammenstricken, dabei entsprechend dem Muster die M rechts oder links zusammenstricken. Bei einer Höhe von 6 cm locker abketten und die Hälfte nach innen umsäumen.

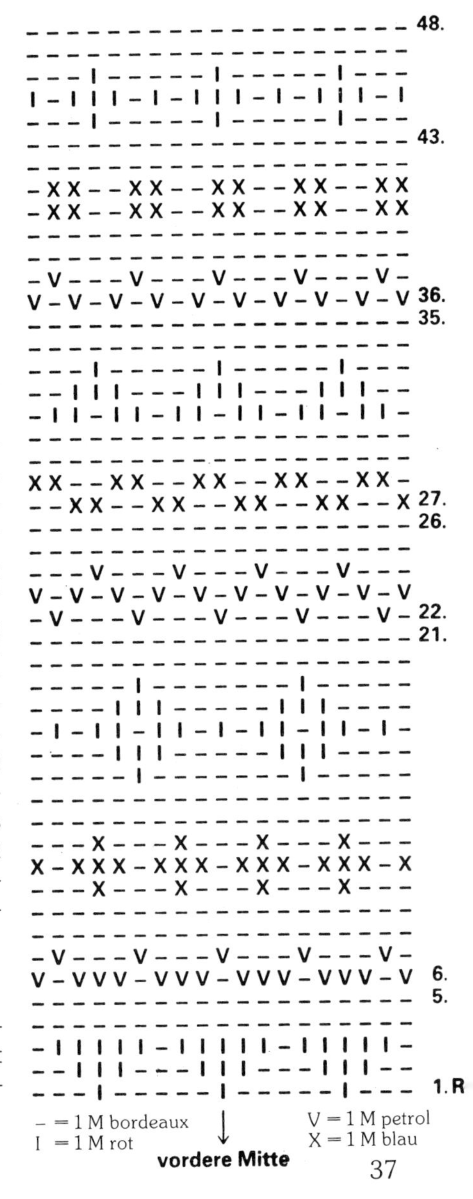

Fertigstellung

Die Nähte schließen, dabei die abgeketteten M am Armausschnitt mit einer Quernaht gegeneinandernähen.

Damenpullover mit Schal

Größen
36/38 und 40/42. Bei unterschiedlichen Angaben: Größe 40/42 in Klammern.

Material
Für den Pullover: Austermann Wolle, Qualität Flop, 700 (900) g in Blau Nr. 113 und 300 (400) g in Weiß Nr. 80. 1 Rundstricknadel Nr. 7, Länge 90 cm, ein Paar Stricknadeln Nr. 7, 4 M-Raffer.
Für den Schal: Austermann Wolle, Qualität Flop, 300 g in Blau Nr. 113. 1 Nadelspiel Nr. 7.

Grundmuster
Glatt rechts = Hin-R rechts, Rück-R links. In Rd nur rechte M stricken.

Einstrickmuster I und II
Im Grundmuster nach den Strickschriften stricken.

Bündchenmuster
Abwechselnd 1 M rechts, 1 M links.

Maschenprobe
Im Grundmuster: 12 M und 16 R = 10 x 10 cm.

Arbeitsanleitung

Pullover
Vorder- und Rückenteil werden bis zum Armausschnitt an einem Stück in Rd gearbeitet. Dafür 108 (126) M anschlagen und 10 Rd im Bündchenmuster stricken. Danach mit dem Einstrickmuster s. Strickschrift I beginnen. 3 Musterrapporte in der Höhe und 6 (7) Rapporte in der Breite arbeiten. Für beide Größen die Zickzacklinie am Vorder- und Rückenteil über die ganze Breite arbeiten. Nach insgesamt 58 Rd = 40 cm für die Armausschnitte jeweils 6 M gerade abketten. Nun beide Teile getrennt beenden.

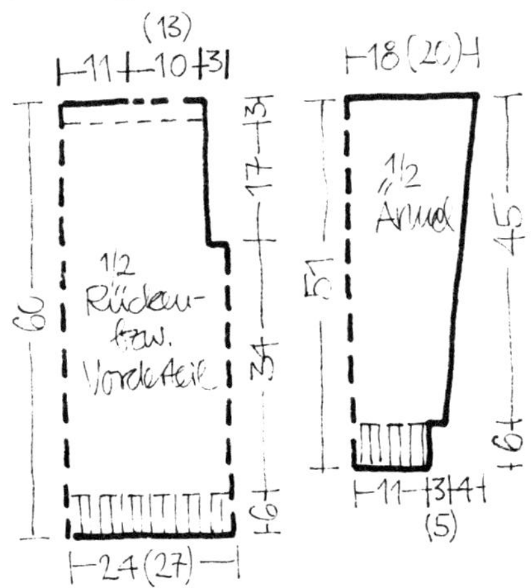

Rücken
Mit den 48 (57) M des Rückens bis zu einer Gesamthöhe von 57 cm arbeiten. Anschließend 6 R im Bündchenmuster stricken. In der letzten R die mittleren 22 (23) M für den Halsausschnitt abketten und die restlichen 13 (17) M jeder Schulter auf Maschenraffer stillegen.

Vorderteil
Gegengleich wie Rücken arbeiten.

Ärmel
24 M anschlagen und nach 10 R im Bündchenmuster mit dem Einstrickmuster s. Strickschrift II beginnen, dabei in der 1. R verteilt 5 (9) M zunehmen. Für die Schrägung beidseitig noch 1x nach 4 R und 7x nach jeweils 8 R 1 M zunehmen = 45 (49) M. In der 81. R = 51 cm Gesamtlänge alle M locker abketten. Den 2. Ärmel gegengleich arbeiten. Bei der Armzunahme muß das Muster rapportmäßig erweitert werden.

Fertigstellung
Teile nach Schnitt spannen und mit feuchten Tüchern bedeckt trocknen lassen. Die Schulter-M im Maschenstich schließen. Die Ärmelnähte schließen und die Ärmel einsetzen.

Schal
12 M gleichmäßig auf das Nadelspiel verteilt aufnehmen und in Rd nur rechte M stricken. In der 2. Rd die M verdoppeln, d. h. aus 1 M 1 M rechts und 1 M rechts verschränkt herausstricken = 24 M. In der 3. Rd nach jeder 4. M noch je 1 M aus dem Maschenquerdraht zunehmen = 30 M. Bis zu einer Gesamtlänge von

Strickschrift II

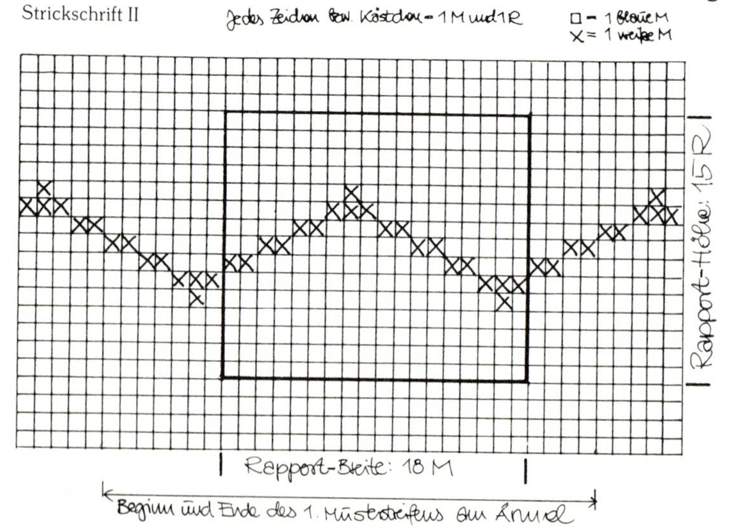

110 cm stricken = 175 Rd und nun die Abnahme wie folgt ausführen: Jede 4. und 5. M zusammenstricken. In der folgenden Rd jeweils 2 M zusammenstricken. Die restlichen 12 M auf einen Faden nehmen und zusammenziehen, ebenso die Anschlag-M mit dem Anfangsfaden. Nun 2 Pompons mit einem Durchmesser von 6 cm arbeiten.

Strickschrift I

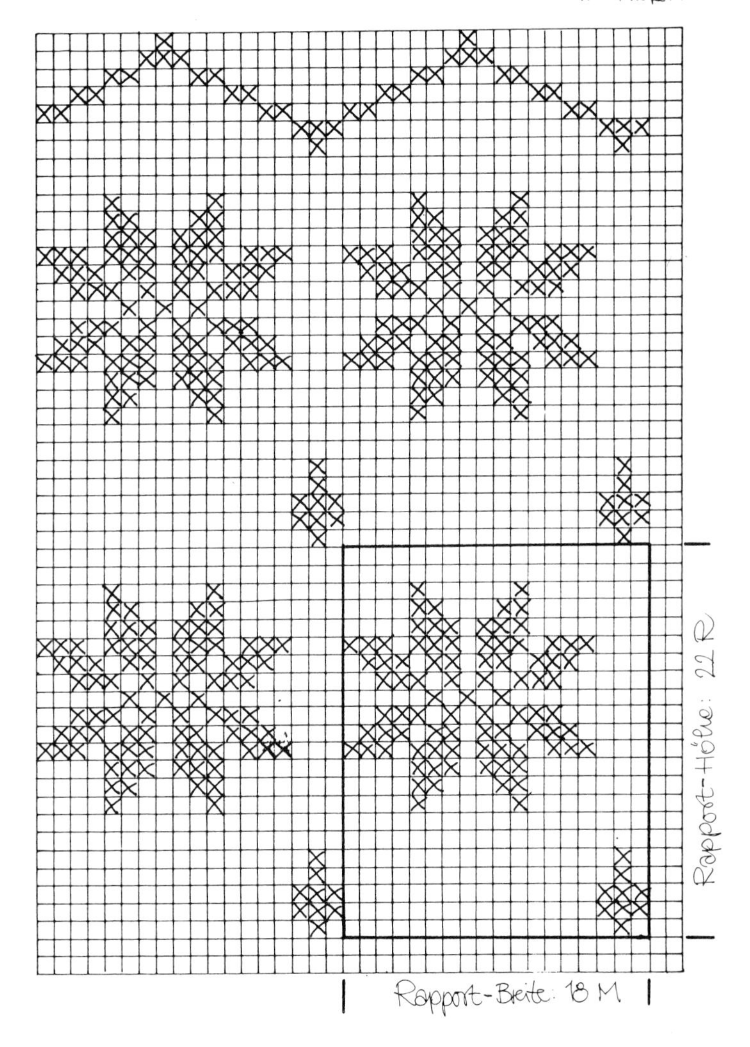

Damenpullover mit Mütze im Jacquardmuster

Größen
38/40, 42 und 44/46. Bei unterschiedlichen Angaben: Größen 42 und 44/46 in Klammern.

Material
Berger du Nord-Wolle, Qualität Multico, ca. 250 (250/300) g in Clair Nr. 8289 und 300 (300/350) g in Foncé. Je ein Paar Stricknadeln Nr. 4½ und 5 und eine Rundstricknadel Nr. 5.

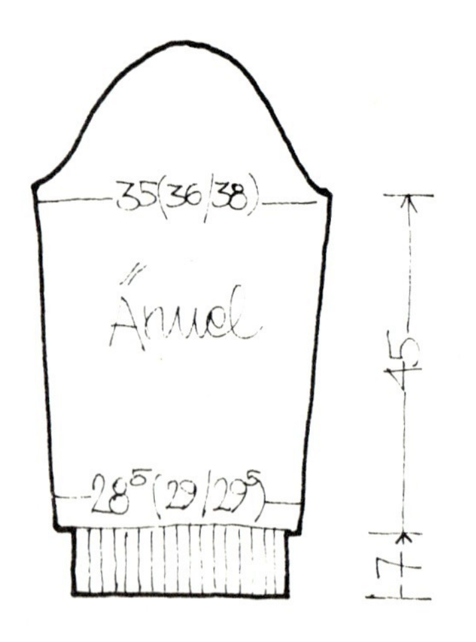

Grundmuster
Mit Nadeln Nr. 5 im Jacquardmuster: Glatt rechts = Hin-R rechts, Rück-R links.

Bündchenmuster
Mit Nadeln Nr. 4½: Abwechselnd 1 M rechts, 1 M links.

Maschenprobe
Mit Nadeln Nr. 5 im Grundmuster: 15 M und 18 R = 10 x 10 cm.

Arbeitsanleitung

Rücken
In Foncé 73 (77/81) M anschlagen und 7 cm im Bündchenmuster stricken, dann im Jacquardmuster (s. Strickschrift) weiterarbeiten. Bei einer Strickhöhe von 36 cm an jeder Seite für die Armlöcher jede 2. R 1x3 M, 1x2 M (1x3, 1x2, 1x1 M/ 1x3, 1x2, 2x1 M) abnehmen = 63 (65/67) M. Bei einer Arbeitshöhe von 57 (58/59) cm die Schultern abschrägen und dafür an jeder Sei-

te alle 2 R 1x10 M und 1x9 M (1x10, 1x9/2x10 M) abnehmen. Gleichzeitig die mittleren 17 (19/19) M abketten und jede Seite getrennt fertigstellen, dabei am Halsausschnitt 4 M abnehmen.

Vorderteil

Bis zu einer Gesamthöhe von 52 (53/54) cm wie Rückenteil stricken. Anschließend für den Halsausschnitt die mittleren 11 (13/13) M abketten und jede Seite getrennt fertigstellen und dabei am Halsausschnitt jede 2. R 1x4 M, 1x2 M, 1x1 M abnehmen.

Ärmel

In Foncé 35 (37/37) M anschlagen und 7 cm im Bündchenmuster strikken, dann im Jacquardmuster (s. Strickschrift) weiterarbeiten, dabei in der 1. R 5 (5/6) M verteilt zunehmen. Danach an jeder Seite abwechselnd jede 4. und 6. R 6x1 M zunehmen. Bei einer Gesamthöhe von 45 cm an jeder Seite alle 2 R 1x3 M, 1x2 M, 11x1 M und 1x4 M (1x3, 1x2, 12/13x1, 1x4 M) abnehmen. Die restlichen 12 M locker abketten.

Fertigstellung

Vorder- und Rückenteil mit einer Schulternaht verbinden. Um den Halsausschnitt mit der Rundstricknadel Nr. 5 in Foncé 79 (83/83) M aufnehmen und 20 cm im Bünd-

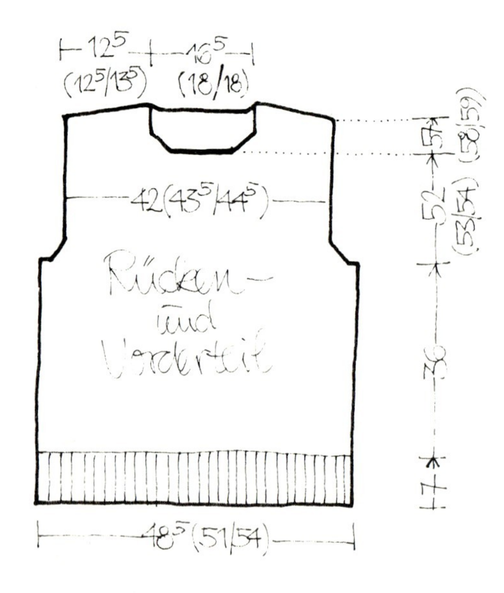

chenmuster stricken. Anschließend alle M locker abketten. Kragennaht schließen, dabei in halber Höhe die Seite wechseln, da der Kragen nach außen umgeschlagen werden soll. Seiten- und Ärmelnähte schließen und Ärmel einnähen.

Mütze

In Clair 75 M anschlagen und 10 cm im Bündchenmuster stricken. Glatt rechts in Foncé weiterarbeiten und bei einer Gesamthöhe von 18 cm 8x1 M verteilt abnehmen. Die Abnahmen immer an der gleichen Stelle 9x in jeder 2. R wiederholen. Von den verbleibenden 11 M immer 2 M zusammenstricken und den Faden durch die letzte M ziehen und vernähen. Die Naht schließen und dabei in Höhe des Bündchens die Seite wechseln, da dieser Teil nach außen umgeschlagen wird.

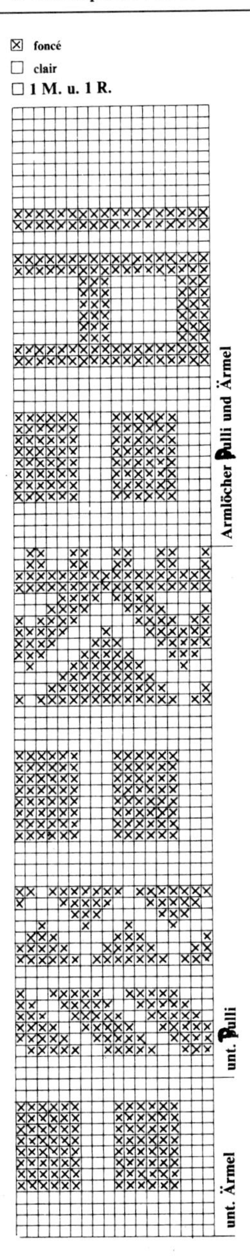

Strickschrift: Gegeben ist das jeweilige Zählmuster für Vorder- bzw. Rückenteil und Ärmel.

Pastellfarbener Damenpulli

Größen
36/38, 40/42, 44/46. Oberweite 84–88 cm, 92–96 cm, 100–104 cm. Bei unterschiedlichen Angaben: Größen 40/42, 44/46 in Klammern.

Material
Scheepjeswol, Qualität Luzern, 350 (400/450) g in Grau, je 50 g in Hellblau, Gelb, Lila und Hellgrün. Ein Paar Stricknadeln Nr. 3 ½ und 4 ½ oder 5. Je ein Nadelspiel Nr. 4 und 4 ½ oder 5.

Grundmuster
Mit Nadeln Nr. 4 ½ oder 5: Glatt rechts = Hin-R rechts, Rück-R links.

Einstrickmuster
Glatt rechts nach Zählmuster A und B arbeiten.

Bündchenmuster
Mit Nadeln Nr. 3 ½ und dem Nadelspiel Nr. 4: Abwechselnd 1 M rechts, 1 M links.

Maschenprobe
Mit Nadeln Nr. 4 ½ oder 5 glatt rechts: 19 M und 26 R = 10 x 10 cm.

Arbeitsanleitung

Rücken
Mit Nadeln Nr. 3 ½ in Grau 94 (100/106) M anschlagen und im Bündchenmuster stricken. Bei 7 cm Gesamthöhe mit Nadeln Nr. 4 ½ oder 5 im Grundmuster weiterstricken. Das Teil muß ca. 49 ½ (53/56) cm breit sein. Bei 40 (41/42) cm Gesamthöhe für die Raglanschrägung beidseitig 1 x 2 und 5 (6/7) x 1 M abketten.

Vorderteil
Wie das Rückenteil stricken.

Ärmel
46 (48/50) M mit Nadeln Nr. 3 ½ anschlagen und 6 cm im Bündchenmuster stricken. Mit Nadeln Nr. 4 ½ oder 5 im Grundmuster weiterstrik-

ken. Beidseitig 16 x wechselnd in jeder 4. und 6. R 1 M zunehmen. Mit 78 (80/82) M bis 42 (43/44) cm Gesamthöhe stricken, dann beidseitig für die Raglanschrägung wie am Rückenteil abnehmen.

Passe

Die M vom Ärmel, Rückenteil, Ärmel, Vorderteil auf das Nadelspiel Nr. 4½ oder 5 nehmen. Es sind dann insgesamt 288 (296/304) M. In Grau noch 1 Rd stricken, dann in Hellblau nach Zählmuster A weiterstricken. In dieser Rd verteilt 24 (26/28) M abnehmen, es sind dann insgesamt 264 (270/276) M. Dann in Gelb nach Zählmuster B arbeiten. In der 1. Rd 14 (15/16) M abnehmen = 250 (255/260) M. Die Abnahmen nicht genau übereinander fertigen. Danach wieder nach Zählmuster A stricken, diesmal in Grün. In der 1. Rd 10 (15/20) M abnehmen = insgesamt 240 M. Dann in Lila nach Zählmuster B weiterstricken, in der 1. Rd verteilt 20 M abnehmen = insgesamt 220 M. Anschließend wieder Muster A in Gelb einstricken, zu Beginn verteilt 16 M abnehmen = 204 M. Danach Muster B in Hellblau arbeiten, verteilt 19 M abnehmen = 185 M. Dann Muster A in Lila arbeiten und verteilt 23 M abnehmen = 162 M. Muster B in Grün stricken, verteilt 22 M abnehmen = insgesamt 140 M. In der 4. grünen Rd verteilt noch 26 M abnehmen = insgesamt 114 M. Anschließend in Hellblau Muster A stricken. In der 3. Rd 19 M wie folgt abnehmen: Je eine graue M mit der folgenden blauen M rechts zusammenstricken = 95 M. Zum Schluß Muster B in Hellgelb arbeiten. In der 4. gelben Rd jeweils die 3. und 4. gelbe M rechts zusammenstricken = 76 M. Mit dem Nadelspiel Nr. 4 in Grau im Bündchenmuster stricken. Nach 6 cm die M locker abketten.

Fertigstellung

Die Ärmel- und Seitennähte und die kleinen Raglannähte schließen. Die Blende zur Hälfte nach innen wenden und lose gegennähen.

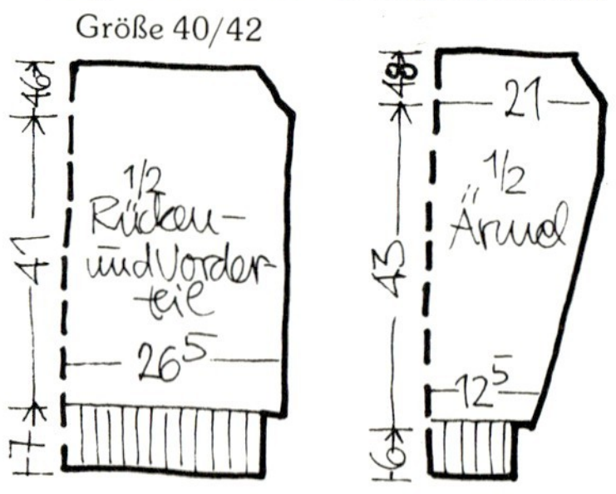

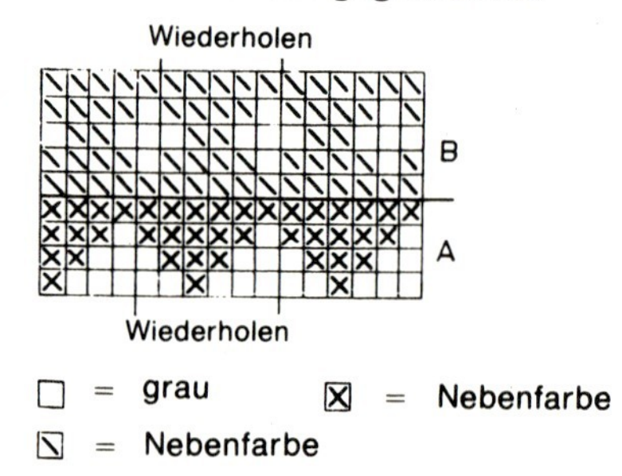

Damen- und Herren-pulli mit Streifen

Damenpullover

Größen
36, 38/40 und 42. Bei unterschiedlichen Angaben: Größen 38/40 und 42 in Klammern. Obere Weite des Modells 96 (102/108) cm, Länge 66 (68/68) cm.

Material
H. E. C. Wolle, Qualität aarlan royal, 280 (310/340) g in Blaßblau Nr. 4245 und 240 (270/300) g in Grau Nr. 4309. Je ein Paar Stricknadeln Nr. 3 und 4. Ein Nadelspiel Nr. 3.

Grundmuster
Mit Nadeln Nr. 4 im Jacquardmuster: Glatt rechts = Hin-R rechts, Rück-R links nach Strickschrift arbeiten. Den nicht benötigten Faden auf der Rückseite locker mitführen, damit die Strickfläche elastisch bleibt. Die R 1–16 fortlaufend wiederholen.

Bündchenmuster
Mit Nadeln Nr. 3 in Blaßblau: Abwechselnd 1 M rechts, 1 M links.

Maschenprobe
Mit Nadeln Nr. 4 im Jacquardmuster: 11 M und 12 R = 5 x 5 cm.

Arbeitsanleitung

Rücken
88 (92/100) M in Grau anschlagen und im Bündchenmuster arbeiten. Nach 6 cm auf der Rückseite der Arbeit in Blaßblau 1 R links stricken, dabei verteilt 21 (23/21) M aufnehmen = 109 (115/121) M. Weiter im Grundmuster das Jacquardmuster nach Strickschrift arbeiten. Das Muster von der Mitte aus einteilen. Die 1. R beginnt nach der Rand-M mit 1 M in Grau (Blaßblau/Grau), die 11. R mit Rand-M, 5 (2/5) M in Blaßblau und 1 M in Grau. Für die Armausschnitte: 42 (43/42 ½) cm ab Anschlag beidseitig 1x6 (6/7) M abketten = 97 (103/107) M. Für die Achseln: 23 (24/24 ½) cm ab Armausschnitt beidseitig 2x15 (1x16 und 1 x 17/2 x 17) M abketten. Die restlichen 37 (37/39) M locker abketten.

Vorderteil
Wie Rückenteil anfertigen, jedoch in 58 (60/59) cm Höhe ab Anschlag für den Halsausschnitt die mittleren 11 (11/13) M locker abketten und beidseitig davon 1 x 3, 3 x 2 und 4 x 1 M abketten.

Ärmel
48 (52/52) M in Grau anschlagen und im Bündchenmuster arbeiten. Nach 6 cm auf der Rückseite der Arbeit in Blaßblau 1 R links stricken, dabei verteilt 19 M aufnehmen = 67 (71/71) M. Weiter im Jacquardmuster, dabei das Muster wie am Rükkenteil von der Mitte aus einteilen. Die 1. R beginnt nach der Rand-M mit 1 M in Blaßblau. An beiden Seiten 12 (8/4) x alle 2 ½ cm und 5 (10/15) x alle 2 cm 1 M aufnehmen = 101 (107/109) M. Gerade weiterarbeiten. Bei 49 (49/49 ½) cm ab Anschlag alle M abketten.

Fertigstellung
Auf die Maße aufstecken, ein feuchtes Tuch darüberlegen und trocknen lassen. Die Nähte schließen, dabei an den Ärmeln die oberen 3 (3/3 ½) cm offenlassen. In Blaßblau an der Ausschnittkante des Rückenteils 34 (34/36) M mit dem Nadelspiel auffassen und am Vorderteil 56 (56/60) M im Bündchenmuster arbeiten. Mit der 18. Rd locker abketten und die Hälfte nach innen säumen. Die Ärmel einsetzen, dabei je den offenen Rand an die abgeketteten M am Armausschnitt annähen.

Herrenpullover

Größen
46, 48 und 50/52. Bei unterschiedlichen Angaben: Größen 48 und 50/52 in Klammern. Obere Weite des Modells 102 (106/112) cm, Länge 69 (72/72) cm.

Material
H. E. C. Wolle, Qualität aarlan royal, 290 (320/360) g in Grau Nr. 4309 und 250 (280/320) g in Blaßblau Nr. 4245. Je ein Paar Stricknadeln Nr. 3 und 4. Ein Nadelspiel Nr. 3.

Grundmuster
Mit Nadeln Nr. 4 im Jacquardmuster: Glatt rechts = Hin-R rechts, Rück-R links nach Strickschrift arbeiten. Den nicht benötigten Faden auf der Rückseite locker mitführen, damit die Strickfläche elastisch bleibt. Die R 1–16 fortlaufend wiederholen.

Bündchenmuster
Mit Nadeln Nr. 3 in Grau: Abwechselnd 1 M rechts, 1 M links.

Maschenprobe
Siehe Damenpullover.

Arbeitsanleitung

Rücken
96 (98/106) M in Blaßblau anschlagen und im Bündchenmuster arbeiten. Nach 7 cm auf der Rückseite der Arbeit in Grau 1 R links stricken, dabei verteilt 19 (21/19) M aufnehmen = 115 (119/125) M. Weiter im Grundmuster das Jacquardmuster nach Strickschrift arbeiten. Das Muster von der Mitte aus einteilen. Die 1. R beginnt nach der Rand-M mit 1 M in Grau (Grau/Blaßblau), die 11. R beginnt nach der Rand-M mit 2 (4/1) M in Grau, 1 M in Blaßblau, 5 M in Grau.
Für die Armausschnitte: 45 (47/46) cm ab Anschlag beidseitig 1 x 6 (6/7) M locker abketten = 103 (107/111) M.
Für die Achseln: 23 (24/25) cm ab Armausschnitt beidseitig 1 x 15 und 1 x 16 (1 x 16 und 1 x 17/1 x 17 und 1 x 18) M abketten. Die restlichen 41 M locker abketten.

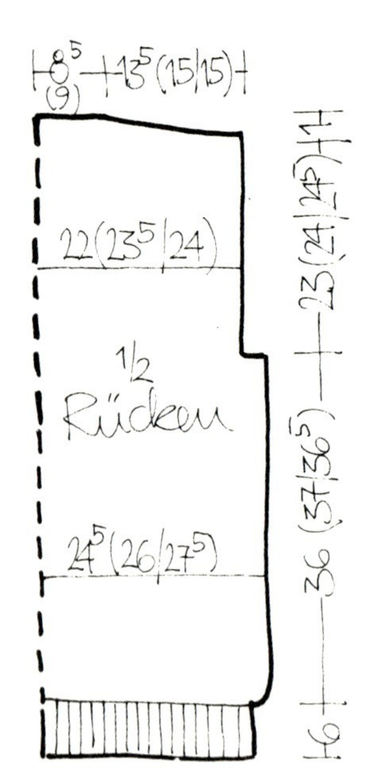

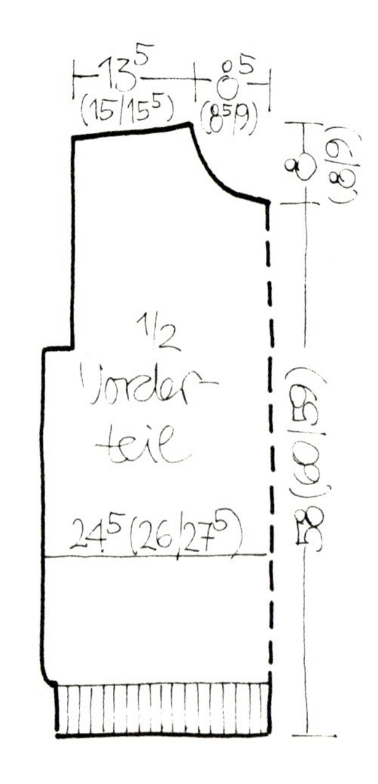

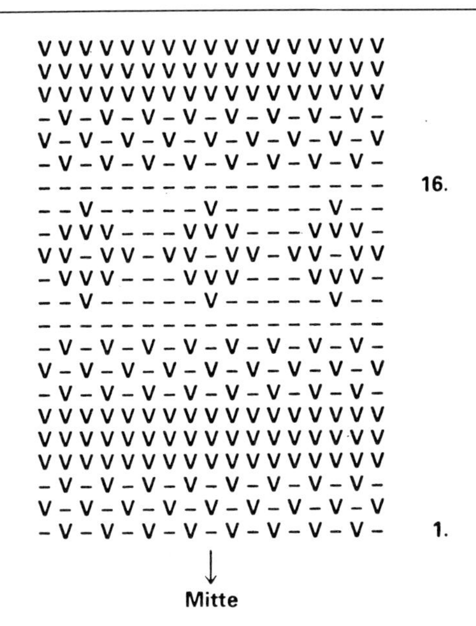

– = 1 M blaßblau
V = 1 M grau

23 (24/24,5)
1/2 Ärmel
15 (16/16)
3 (3/3)
40
6

Schnittzeichnungen und Strickschrift für den Damenpulli.

Vorderteil

Wie Rückenteil anfertigen, jedoch in 60 (63/63) cm Höhe ab Anschlag für den Halsausschnitt die mittleren 11 M und beidseitig davon 1 x 4, 1 x 2 und 9 x 1 M abketten.

Ärmel

56 (58/58) M in Blaßblau anschlagen und im Bündchenmuster arbeiten. Nach 6 cm auf der Rückseite der Arbeit in Grau 1 R links stricken, dabei verteilt 11 (13/13) M aufnehmen = 67 (71/71) M. Weiter im Jacquardmuster arbeiten und das Muster wie am Rückenteil von der Mitte aus einteilen. Die 1. R beginnt nach der Rand-M mit 1 M in Grau. An beiden Kanten 4 x alle 3 cm, 12 x alle 2 ½ cm und 1 x alle 2 cm (16 x alle 2 ½ cm und 2 x alle 2 cm/12 x alle 2 ½ cm und 7 x alle 2 cm) 1 M aufnehmen = 101 (107/109) M. Bei 53 (53/53 ½) cm ab Anschlag alle M abketten.

Fertigstellung

Siehe Damenpullover.
In Grau an der Ausschnittkante des Rückenteils 41 M mit dem Nadelspiel auffassen und am Vorderteil 61 (63/63) M und im Bündchenmuster arbeiten. Mit der 21. Rd locker abketten.

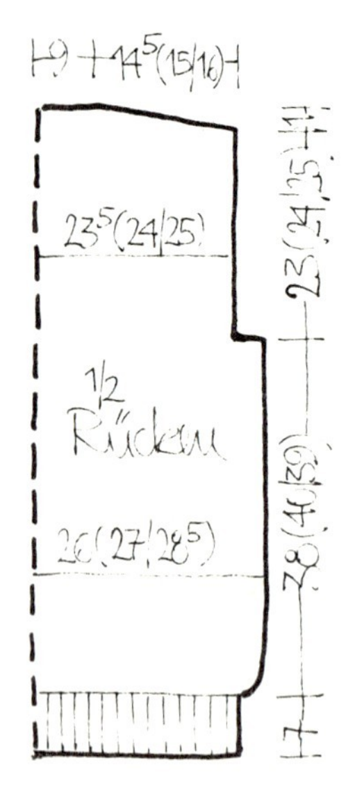

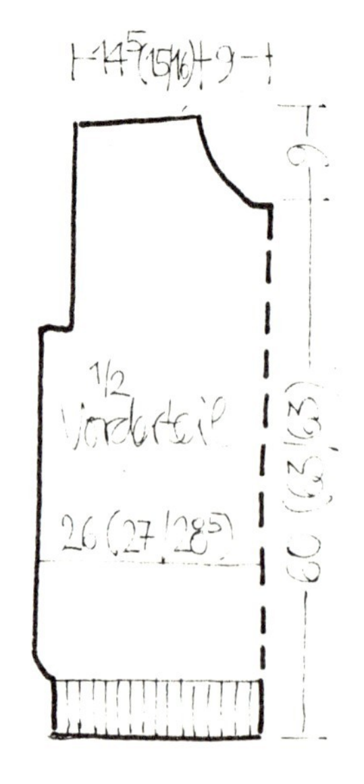

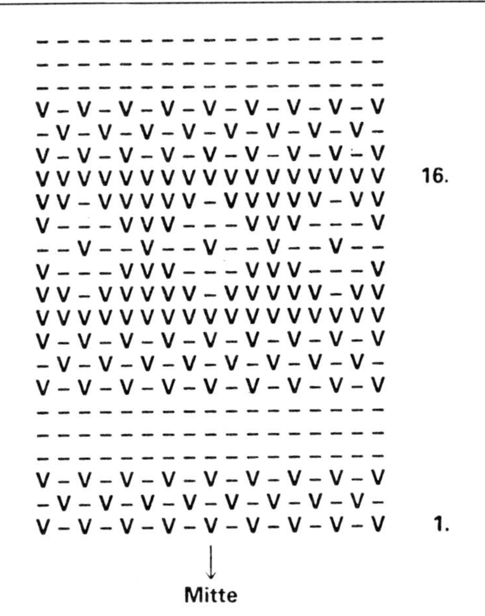

– = 1 M blaßblau
V = 1 M grau

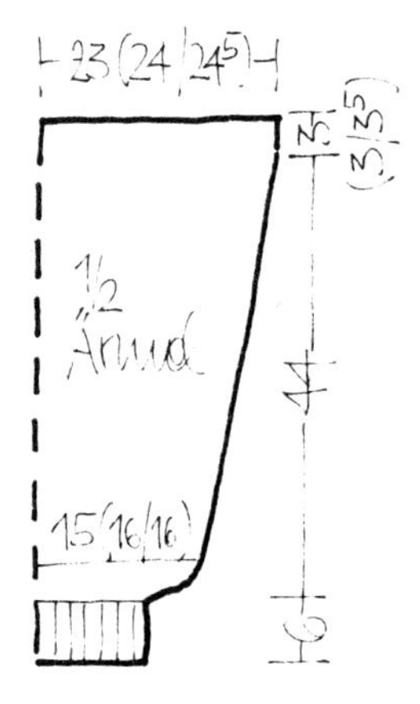

Schnittzeichnungen und Strickschrift für den Herrenpulli.

Damen- und Herrenpullover aus Schurwolle

Damenpullover

Größen
40 und 44. Bei unterschiedlichen Angaben: Größe 44 in Klammern.

Material
Scheepjeswol, Qualität Dalarna, 100% reine Schurwolle, 300 (350) g in Ecru, 150 g in Lavendelblau und 150 g in Weinrot. Je ein Paar Stricknadeln Nr. 3 und 3 ½.

Grundmuster
Mit Nadeln Nr. 3 ½: Glatt rechts = Hin-R rechts, Rück-R links.

Streifenfolge I
* 4 R écru, 2 R weinrot, 2 R écru, 4 R lavendel, 2 R écru, 2 R weinrot, 4 R écru. 14 R nach dem Einstrickmuster, ab * wiederholen.

Streifenfolge II
* Je 2 R lavendel, écru, weinrot, écru, ab * wiederholen.

Bündchenmuster
Mit Nadeln Nr. 3: Abwechselnd 1 M rechts, 1 M links.

Maschenprobe
Mit Nadeln Nr. 3 ½: 23 M und 28 R = 10 x 10 cm.

Arbeitsanleitung

Rücken
13=(121) M in Ecru anschlagen und 6 cm im Bündchenmuster stricken. Weiter im Grundmuster nach der Streifenfolge I arbeiten, dabei das Einstrickmuster nach der Rand-M mit der 1. (25.) M des Rapports beginnen. Geradeaus stricken und die Streifenfolge insgesamt 3 x wiederholen, dann noch 1 x die ersten 20 R anschließen. Weiter bis zum Schluß nach der Streifenfolge II stricken. Zugleich ab 42 cm Höhe für die Armausschnitte beidseitig in jeder 2. R 1 x 4 (6), 1 x 3, 2 x 2, 3 x 1 M abnehmen = 85 (89) M; geradeaus stricken. Für den Halsausschnitt in 60 (61) cm Höhe die mittleren 33 M in 1 R, beidseitig davon in jeder 2. R 2 x 2, 1 x 1 M abnehmen und zusätzlich in 61 (62) cm Höhe für die Schulter in jeder 2. R 3 x 7 (1 x 7, 2 x 8) M abnehmen.

Vorderteil
Bis auf den Halsausschnitt wie Rükkenteil arbeiten. Dafür in 40 (41) cm Höhe die Arbeit durch Abketten der Mittel-M teilen, an den Ausschnittseiten in jeder 2. R 5x abwechselnd 2 und 1 M, 8x1 M, in jeder 4. R 5x1 M abnehmen.

Ärmel
50 (54) M in Ecru anschlagen, im Bündchenmuster nach der Streifenfolge II arbeiten. Ab 8 cm Höhe im Grundmuster weiterarbeiten, dabei in der 1. R verteilt 9 M zunehmen = 59 (63) M. Weiter beidseitig in jeder 10. R 10x1 (in jeder 8. R 12x1) M zunehmen = 79 (87) M. Zugleich ab 21 cm Höhe nach 1 lavendelfarbigen Streifen 2x die Streifenfolge I, daran anschließend noch 1x die 1.–20. R dieser Streifenfolge stricken, dann den Ärmel nach der Streifenfolge II beenden. Ab 46 cm Höhe für die Armkugel beidseitig in jeder 2. R 1x4 (5), 1x3, 3x2, 10x1, 3x2, 1x3, 1x4 (5) M abnehmen, die restlichen 7 (11) M in 1 R abketten.

Halsblende
In Ecru 163 M mit Nadeln Nr. 3 anschlagen und im Bündchenmuster mit Kettrand-M 4 cm geradeaus stricken.

Fertigstellung
Teile spannen. Leicht dämpfen. Die Nähte schließen. Die Halsblende aufnähen, dabei die Schmalseiten in der vorderen Spitze rechts über links annähen.

Herren-Pullover

Größen
52 und 56. Bei unterschiedlichen Angaben: Größe 56 in Klammern.

Material
Scheepjeswol, Qualität Dalarna, 100% reine Schurwolle, 350 (400) g in Ecru, 250 g in Braun, 100 g in Olivgrün. Je 1 Paar Stricknadeln Nr. 3 und 3 ½.

Grundmuster
Mit Nadeln Nr. 3 ½: Glatt rechts = Hin-R rechte M, Rück-R linke M.

Einstrickmuster A und B
Gegeben ist jeweils 1 Rapport in der Breite + End-M. Von Muster A 1x die 1.–45. R arbeiten, von Muster B laufend die 2.–19. R wiederholen.

Bündchenmuster
Mit Nadeln Nr. 3: Abwechselnd 1 M rechts, 1 M links.

Maschenprobe
Mit Nadeln Nr. 3 ½: 23 M und 26 R = 10x10 cm.

Arbeitsanleitung

Rücken
123 (133) M in Braun anschlagen, im Bündchenmuster 8 cm stricken. Weiter im Grundmuster 4 R écru, dann nach der Rand-M mit der 1. (9.) M beginnend 1x Einstrickmuster A, dann fortlaufend Muster B arbeiten. Ab 37 cm Höhe für die Armaus-

Abb. zeigt einen Ausschnitt der Streifenfolge und das Einstrickmuster.

schnitte beidseitig in jeder 2. R 1x5, 2x3, 3x2, 1x1 M abnehmen = 87 (97) M; geradeaus stricken. In 59 (60) cm Höhe für den Halsausschnitt die mittleren 29 (33) M in 1 R, beidseitig davon in jeder 2. R 2x2, 1x1 M abnehmen. Zugleich in 60 (61) cm Höhe für die Schulter in jeder 2. R 3x8 (9) M abketten.

Vorderteil
Bis auf den Halsausschnitt wie Rükkenteil arbeiten. Dafür in 36 (37) cm Höhe die Arbeit durch Abketten der Mittel-M teilen, an den Ausschnittseiten in jeder 2. R 10 (12) x 1 M, in jeder 4. R 6x1 M, in jeder 6. R 3x1 M abnehmen.

Ärmel
66 M in Braun anschlagen. 16 cm im Bündchenmuster, weiter im Grundmuster 4 R écru und die Einstrickmuster wie beim Rücken stricken. Zugleich in der 1. Grundmuster-R gleichmäßig verteilt 9 M zunehmen = 75 M. Weiter beidseitig in jeder 9. (8.) R 11 (13) x 1 M zunehmen = 97 (101) M. Ab 56 cm Höhe für die Armkugel beidseitig in jeder 2. R 1x5, 3x3, 3x2, 5x1, 3x2, 3x3, 1x5 M abnehmen, die restlichen 7 (11) M auf einmal abketten.

Halsblende
173 M in Braun mit Nadeln Nr. 3 im Bündchenmuster 5 cm mit Kettrand-M geradeaus stricken.

Fertigstellung
Teile spannen, leicht dämpfen. Die Nähte schließen, dabei die unteren 10 cm der Ärmelnähte für den Aufschlag nach rechts nähen. Die Halsblende aufnähen, dabei die Schmalseiten in der vorderen Spitze links über rechts nähen.

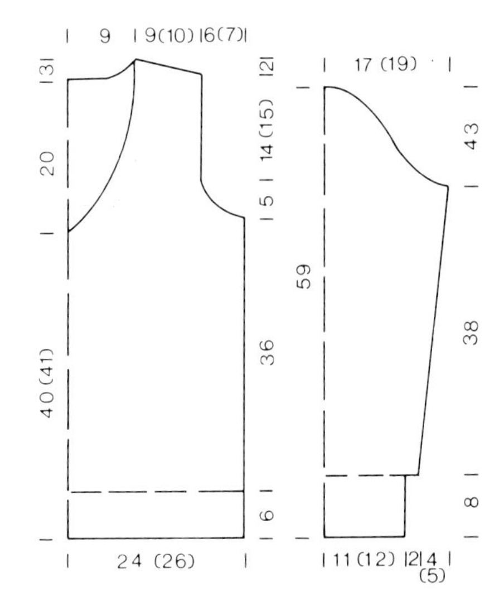

Schnittverkleinerung: ½ Rücken- bzw. Vorderteil und ½ Ärmel für Größe 40 (44).

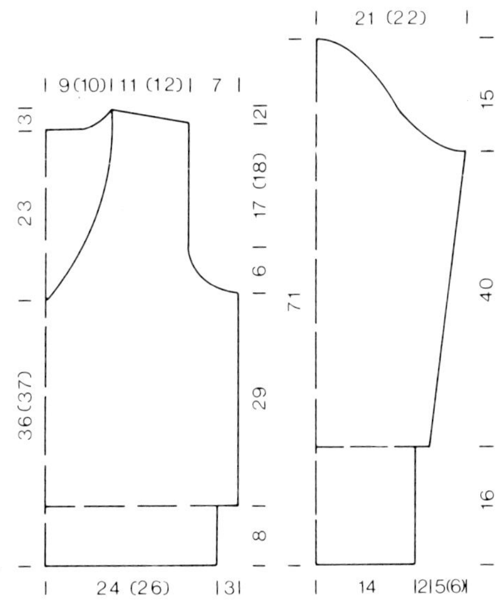

Schnittverkleinerung: ½ Rücken- bzw. Vorderteil und ½ Ärmel für Größe 52 (56).

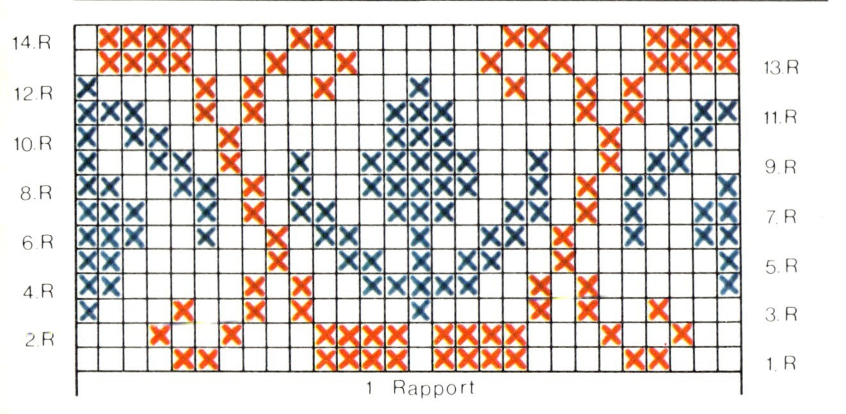

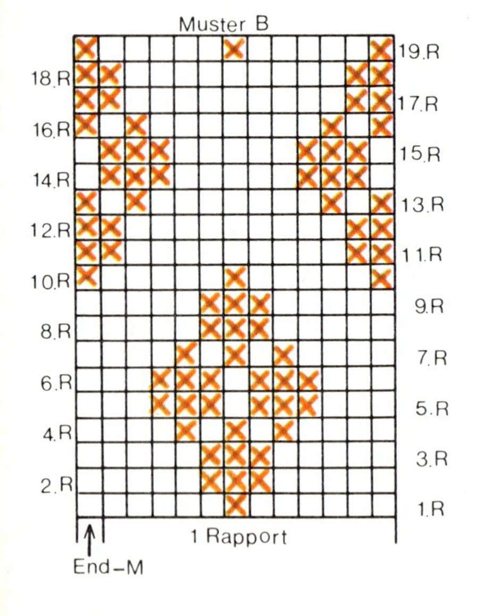

Einstrickmuster (s. Abb. oben): Gegeben ist 1 Rapport in der Breite. Diese 14 Reihen innerhalb der Streifenfolge I je 1 x arbeiten. Jedes Farbzeichen = 1 Masche. Leere Kästchen = écru.

Einstrickmuster B und A: Gegeben ist jeweils 1 Rapport in der Breite + End-Masche. Jedes Farbzeichen = 1 Masche, leere Kästchen = écru. Das Ausschnittfoto zeigt die 1.–45. Reihe von Muster A und daran anschließend den Beginn von Muster B.

Muster A
45.R
43.R
41.R
39.R
37.R
35.R
33.R
31.R
29.R
27.R
25.R
23.R
21.R
19. R
17. R
15. R
13. R
11. R
9. R
7. R
5. R
3. R
1. R
1 Rapport
End-M

Blau-weißer Damen- und Herrenpullover

Damenpullover

Größen
34/36, 38/40, 42/44 und 46/48. Bei unterschiedlichen Angaben: Größen 38/40, 42/44 und 46/48 in Klammern. Oberweite 80/84 (88/92, 96/100 und 104/108) cm. Das Modell hat zusätzliche Weite.

Material
Scheepjeswol, Qualität Dalarna, 400 (400/500/600) g in Mittelblau, 100 g in Weiß und 200 g in Dunkelblau. Je 1 Paar Stricknadeln Nr. 4 und 5 oder 5 ½ und ein Nadelspiel Nr. 4 ½.

Grundmuster
Mit Nadeln Nr. 5 oder 5 ½: Glatt rechts im Einstrickmuster = Hin-R rechts, Rück-R links, siehe Strickschrift 1 und 2.

Bündchenmuster
Mit Nadeln Nr. 4: Abwechselnd 1 M rechts, 1 M links stricken.

Maschenprobe
Mit Nadeln Nr. 5 oder 5 ½ glatt rechts: 15 M und 22 R = 10 x 10 cm. Je nach Ergebnis feinere oder gröbere Nadeln nehmen.

Arbeitsanleitung

Rücken
In Weiß 70 (74/78/86) M anschlagen und 6 cm im Bündchenmuster stricken, in der letzten R verteilt 5 (7/9/7) M zunehmen. In Blau im Grundmuster siehe Strickschrift 1 weiterarbeiten (bei A beginnen). Bei einer Gesamthöhe von 44 (45/46/46) cm nach Strickschrift 2 arbeiten, dabei auf die Breite von 50 (54/58/62) cm achten. Nach der letzten Muster-R noch 4 R in Blau stricken. Bei einer Gesamthöhe von 69 (69/70/70) cm alle M locker abketten.

Vorderteil
Wie Rücken anfertigen. Bei einer

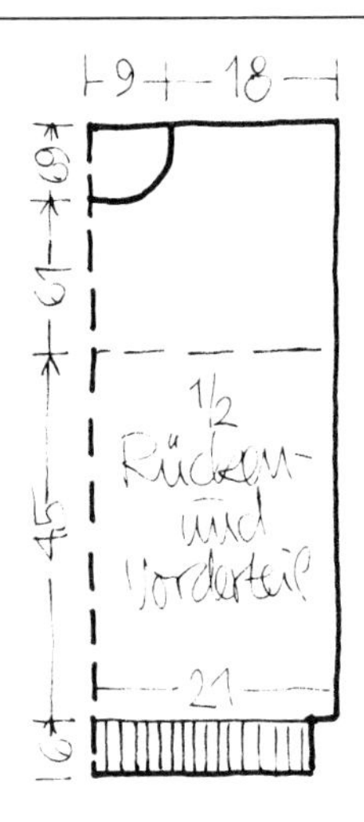

Schnittverkleinerungen in Größe 38/40.

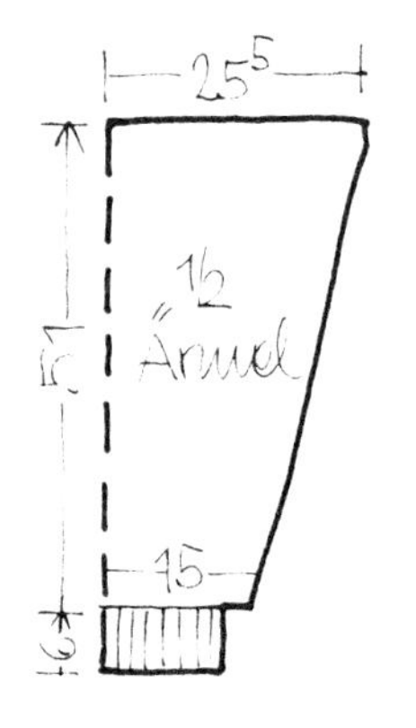

Gesamthöhe von 60 (61/62/62) cm für den Halsausschnitt die mittleren 13 (13/15/15) M abketten und jede Seite mit je 31 (34/36/39) M getrennt beenden. Am Ausschnitt noch 1x3, 1x2 und 2x1 M abketten. Die restlichen M in gleicher Höhe wie am Rückenteil abketten.

Ärmel

In Weiß 30 (30/34/34) M anschlagen und 6 cm im Bündchenmuster stricken. Dabei in der letzten R verteilt 15 (15/17/17) M zunehmen. Weiter im Grundmuster nach Strickschrift 1 arbeiten (bei A beginnen). In Blau weiterstricken und beidseitig 15 (16/14/15) x in jeder 6. R 1 M zunehmen = 75 (77/79/81) M. Bei einer Gesamthöhe von 50 (51/52/52) cm alle M abketten.

Fertigstellung

Schulternähte schließen. 84–88 M mit Nadelspiel Nr. 4 ½ aufnehmen und im Bündchenmuster 22 cm in Weiß stricken. Alle M locker abketten. Den Rollkragen nach außen umschlagen. Ärmel einsetzen, Ärmelmitte an die Schulternaht nähen. Die Seiten- und Ärmelnähte schließen.

Herrenpullover

Größen

44/46, 48/50 und 52/54. Bei unterschiedlichen Angaben: Größen 48/50 und 52/54 in Klammern. Oberweite 88/92 (96/100, 104/108) cm. Das Modell hat zusätzliche Weite.

Material
Scheepjeswol, Qualität Dalarna, 500 (600/600) g in Dunkelblau, 100 g in Weiß und 200 g in Blau. Je 1 Paar Stricknadeln Nr. 4 und 5 oder 5 ½. Ein Nadelspiel Nr. 4 ½.

Grundmuster
Siehe Damenpullover.

Bündchenmuster
Abwechselnd 2 M rechts, 2 M links.

Maschenprobe
Siehe Damenpullover.

Arbeitsanleitung

Siehe Damenpullover, jedoch auf die andere Farbzusammenstellung achten. Die M-Zahl und die Angaben in cm entsprechen den in Klammern gesetzten Zahlen des Damenpullovers. Die Ärmel 3–4 cm länger stricken.

Fertigstellung
Siehe Damenpullover. Um den Halsausschnitt M aufnehmen und 10 cm in Blau im Bündchenmuster stricken. Die Halsblende zur Hälfte nach innen schlagen und lose gegennähen.

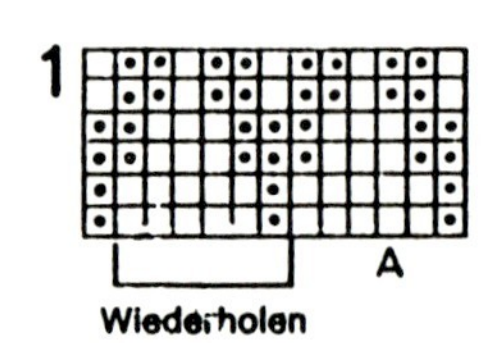

	Damen	Herren
☐	weiß	blau
⊡	blau	dunkelblau
◪	dunkelblau	weiß

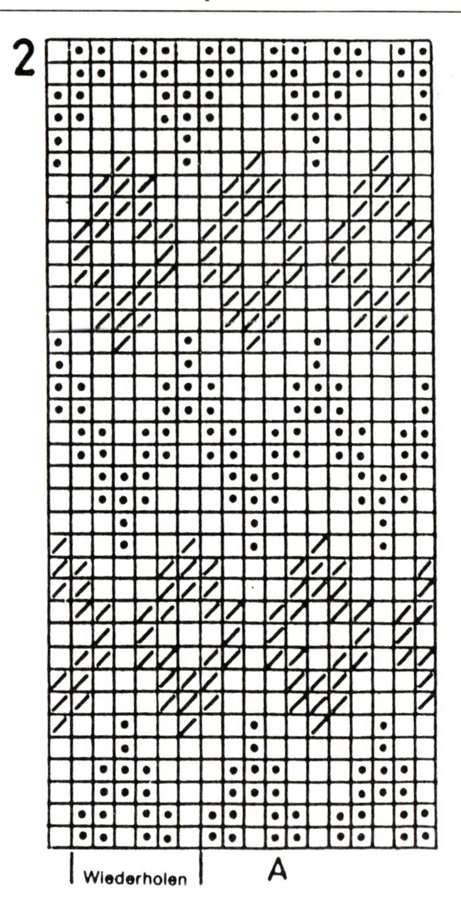
2
Wiederholen
A

Damen- und Herrenpullover in Naturtönen

Damenpullover

Größen
40/42, 38 und 44/46. Bei unterschiedlichen Angaben: Größen 38 und 44/46 in Klammern.

Material
Berger du Nord-Wolle, Qualität Laine d'Islande, 600 (600/700) g in Ecru, je 300 (200/300) g in Noisette und Beige. Je 1 Paar Stricknadeln Nr. 4 ½ und 5 ½.

Grundmuster
Mit Nadeln Nr. 5 ½ im Jacquardmuster: Glatt rechts = Hin-R rechts, Rück-R links, siehe Strickschrift.

Bündchenmuster
Mit Nadeln Nr. 4 ½ in Ecru: Abwechselnd 1 M rechts, 1 M links.

Maschenprobe
Mit Nadeln Nr. 5 ½: 15 M und 16 R = 10 x 10 cm.

Arbeitsanleitung

Rücken
In Ecru 82 (77/87) M anschlagen und 7 cm im Bündchenmuster strikken, dann glatt rechts im Jacquardmuster (s. Strickschrift) weiterarbeiten. Bei Erreichen einer Strickhöhe von 64 (63/65) cm die mittleren 30 (29/31) M auf einen Hilfsfaden legen und jede Seite getrennt fertigstellen. Die letzten 3 R glatt rechts in Ecru stricken und locker abketten.

Vorderteil
Die gleiche Anzahl M wie am Rükkenteil anschlagen und genauso stricken.

Ärmel
In Ecru 37 (35/37) M anschlagen und 7 cm im Bündchenmuster strikken. Glatt rechts im Jacquardmuster (s. Strickschrift) weiterarbeiten und dabei in der 1. R 13 (12/13) x 1 M verteilt zunehmen = 50 (47/50) M.

Untergrund écru

beige

noisette

1 M und 1 R

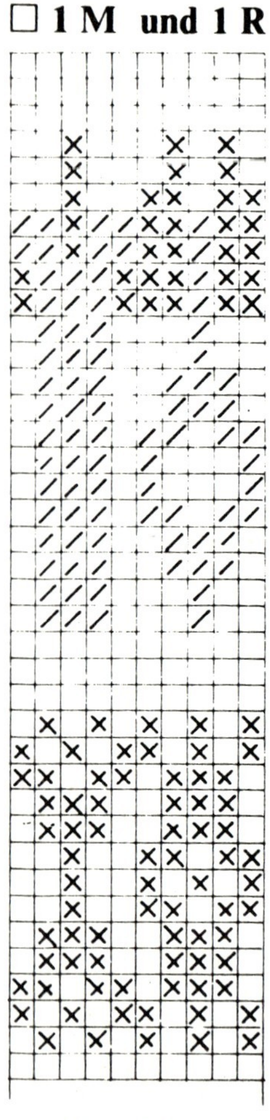

1 re, 1 li

Anschließend an jeder Seite alle 6 R 10 x 1 M (abwechselnd alle 6, 8 R 9 x 1 M/alle 6 R 11 x 1 M) zunehmen. Bei Erreichen einer Strickhöhe von 52 cm die 69 (66/72) M abketten.

Fertigstellung

Vorder- und Rückenteil mit Schulternähten verbinden. Für den Kragen: Die auf Hilfsfäden stillgelegten Rücken- und Vorderteil-M mit Nadeln Nr. 5 1/2 aufnehmen und 6 x 1 M verteilt zunehmen = 66 (64/68) M. Anschließend 12 cm im Bündchenmuster stricken. Alle M locker abketten. Die Kragennaht schließen, dabei in halber Höhe die Seite wechseln, da der Kragen nach außen umgeschlagen wird. Die Ärmel ganz gerade in die Armlöcher einsetzen und anschließend die Unterarm- und die Seitennähte schließen.

Herrenpullover

Größen

Mittlere und große Herrengröße. Bei unterschiedlichen Angaben: Große Herrengröße in Klammern.

Material

Berger du Nord-Wolle, Qualität Islande light, 300 (350) g in Ecru und 350 (400) g in Mgo Foncé. Je 1 Paar Stricknadeln Nr. 3 1/2 und 4.

Grundmuster

Mit Nadeln Nr. 4 im Jacquardmu-

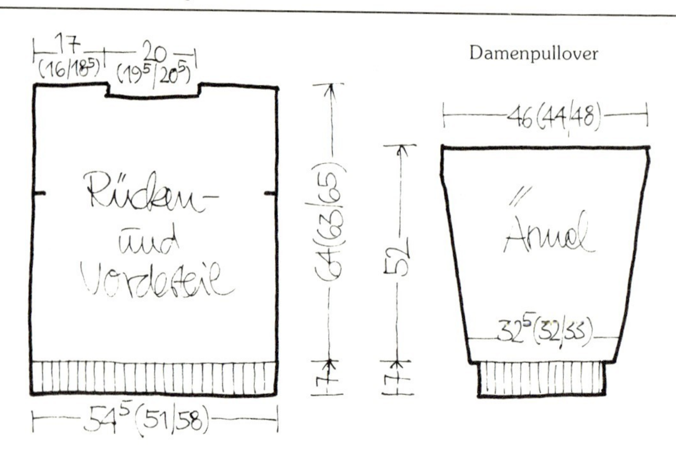

ster: Glatt rechts = Hin-R rechts, Rück-R links, siehe Strickschrift.

Bündchenmuster
Mit Nadeln Nr. 3 ½ in Mgo Foncé: Abwechselnd 2 M rechts, 2 M links.

Maschenprobe
Mit Nadeln Nr. 4: 22 M und 22 R = 10 x 10 cm.

Arbeitsanleitung

Rücken
In Mgo Foncé 104 (116) M anschlagen und 4 cm im Bündchenmuster stricken. Dann glatt rechts im Jacquardmuster weiterarbeiten (siehe Strickschrift). Dabei in der 1. R verteilt 11 x 1 M zunehmen = 115 (127) M. Bei Erreichen einer Strickhöhe von 45 (48) cm beidseitig für die Armlöcher alle 2 R 1 x 4 M, 2 x 2 M, 1 x 1 (2 x 1) M abnehmen. Nach einer Arbeitshöhe von 56 (59) cm 1 M abnehmen = 96 (106) M. In Mgo Foncé im Bündchenmuster weiterarbeiten. Bei einer Gesamthöhe von 67 (70) cm die mittleren 30 M auf einen Hilfsfaden legen und jede Seite getrennt fertigstellen. Dabei alle 2 R für die Schultern 3 x 11 (2 x 13 und 1 x 12) M abnehmen.

Vorderteil
Die gleiche Anzahl M wie am Rükkenteil anschlagen und genauso stricken. Für den Halsausschnitt bei einer Arbeitshöhe von 56 (59) cm die mittleren 31 M abketten. Jede Seite in Mgo Foncé im Bündchenmuster fertigstellen.

Ärmel
In Mgo Foncé 48 M anschlagen und

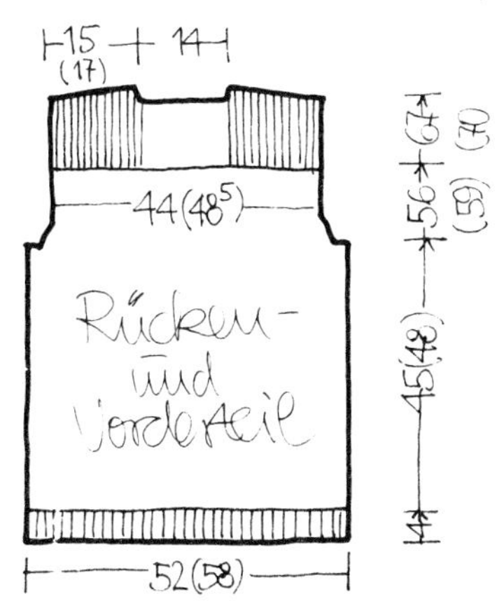

Herrenpullover

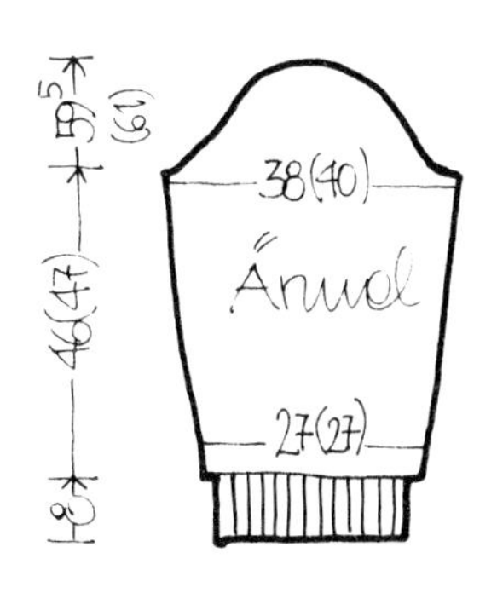

8 cm im Bündchenmuster stricken. Glatt rechts im Jacquardmuster (s. Strickschrift) weiterarbeiten und dabei in der 1. R 12 x 1 M verteilt zunehmen = 60 M. Anschließend an jeder Seite alle 6 R 12 (14) x 1 M zunehmen. Bei Erreichen einer Strickhöhe von 46 (47) cm an jeder Seite alle 2 R 1 x 4 M, 2 x 2 M, 3 x 1 M, 9 (10) x 2 M, 1 x 3 M abnehmen und die restlichen 20 M abketten.

Untergrund mgo foncé

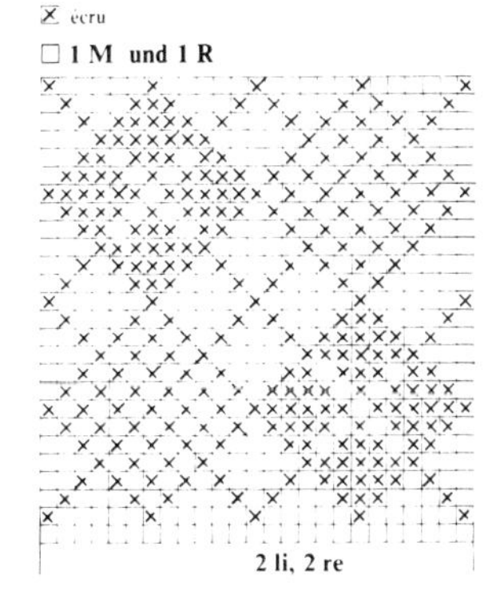

Fertigstellung

Vorder- und Rückenteil mit Schulternähten verbinden. In Mgo Foncé für den Kragen 40 M mit Nadeln Nr. 4 aus dem Vorderteil, der rechten Halsausschnittkante entlang, herausstricken und die auf dem Hilfsfaden stillgelegten 30 Rückenteil-M aufnehmen und abstricken, dabei verteilt 6 x 1 M zunehmen. 40 M aus dem Vorderteil der linken Halsausschnittkante entlang herausstrikken = 116 M. Im Bündchenmuster 14 cm stricken und locker abketten. Die Seitennähte des Kragens 5 cm übereinanderlegen und am Vorderteil befestigen. Seiten- und Ärmelnähte schließen, Ärmel einsetzen.

Sportlicher Herrenpullover

Größen
46, 48 und 50/52. Bei unterschiedlichen Angaben: Größen 48 und 50/52 in Klammern. Oberweite des Modells 100 (106/112) cm, ganze Länge 70 (72/72) cm.

Material
H. E. C. Wolle, Qualität aarlan natura, 900 (950/1000) g in Grau Nr. 5311 und 200 g in Anthrazit Nr. 5313. Je ein Paar Stricknadeln Nr. 5 und 6 oder 7.

Grundmuster
Mit Nadeln Nr. 6 bzw. 7 in Grau: Glatt rechts = Hin-R rechts, Rück-R links.

Jacquardmuster
Mit Nadeln Nr. 6 bzw. 7 im Grundmuster nach der Strickschrift arbeiten. Den benötigten Faden auf der Rückseite locker mitführen, damit die Strickfläche elastisch bleibt.

Bündchenmuster
Mit Nadeln Nr. 5 in Grau: Abwechselnd 1 M rechts, 1 M links.

Maschenprobe
7 M und 10 R im Grundmuster bzw. 7 M und 9 R im Jacquardmuster =

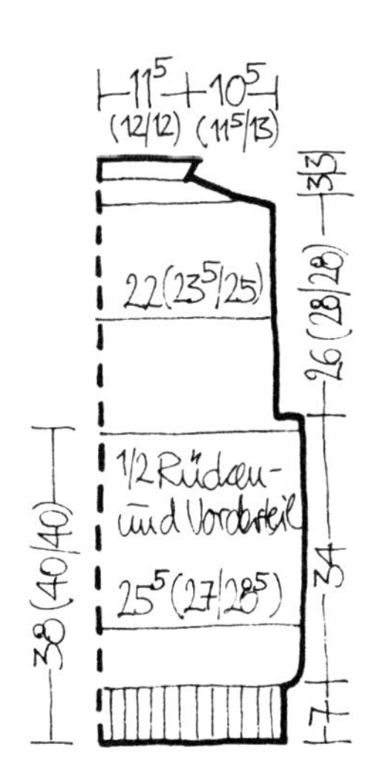

5x5cm. Je nach Ergebnis feinere oder gröbere Nadeln verwenden.

Arbeitsanleitung

Rücken
62 (64/70) M anschlagen und im Bündchenmuster arbeiten. Nach 7cm im Grundmuster weiterstricken, dabei verteilt in der 1. R 11 (13/11) M aufnehmen = 73 (77/81) M. Bei 38 (40/40) cm ab Anschlag im Jacquardmuster fortfahren, dabei das Muster von der Mitte aus einteilen. Die leeren Karos bedeuten 1 M in Grau und alle V bedeuten 1 M in Anthrazit. Für den Armausschnitt in 41 cm Höhe ab Anschlag beidseitig 1x6 M abketten = 61 (65/69) M. In 26 (28/28) cm ab Armausschnitt, wenn das Jacquardmuster beendet ist, für die Achseln in Grau 3x5 (2x5 und 1x6 / 3x6) M abketten = 31 (33/33) M. Im Grundmuster weiterarbeiten, dabei beidseitig 3x in jeder 2. R 1 M aufnehmen. Anschließend alle M locker abketten.

Vorderteil
Wie Rückenteil anfertigen.

Ärmel
34 (36/36) M anschlagen und im Bündchenmuster arbeiten. Nach 6cm im Grundmuster weiterstricken, dabei verteilt in der 1. R 9 (11/11) M aufnehmen = 43 (47/47) M. An beiden Kanten 8x alle 3cm und 8x alle 2 ½ cm 1 M aufnehmen. Bei 45cm ab Anschlag die 1.–11. R im Jacquardmuster arbeiten, dabei das Muster von der Mitte aus einteilen. Nach der 11. R in Grau fortfahren und bei 54cm ab Anschlag alle 75 (79/79) M locker abketten.

Fertigstellung
Auf die Maße aufstecken, ein feuchtes Tuch darüberlegen und trocknen lassen. Die Nähte schließen, dabei an den Ärmeln die oberen 4cm offenlassen. Am Halsausschnitt die letzten 7 R nach innen säumen. Die Ärmel einsetzen, dabei jeweils den offenen Rand an die abgeketteten M am Armausschnitt annähen.

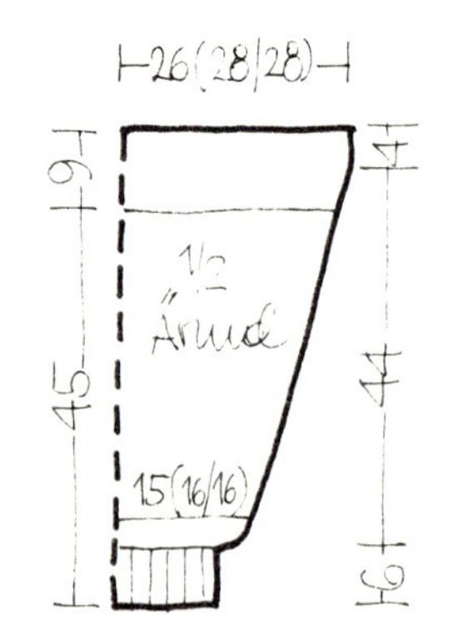

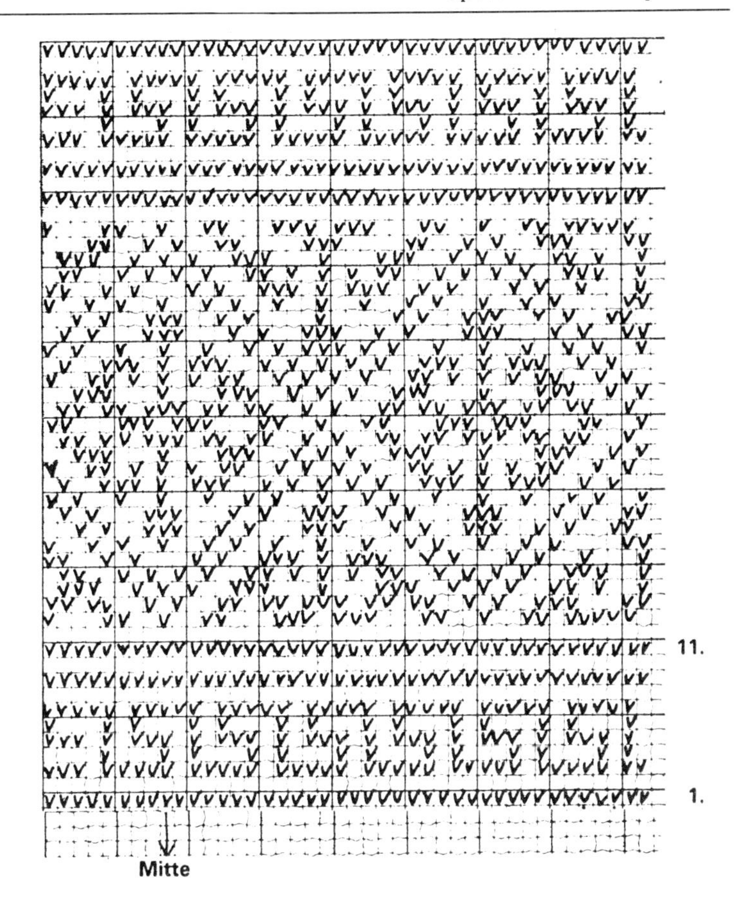
11.
1.
Mitte

Herrenpullover aus melierter Wolle

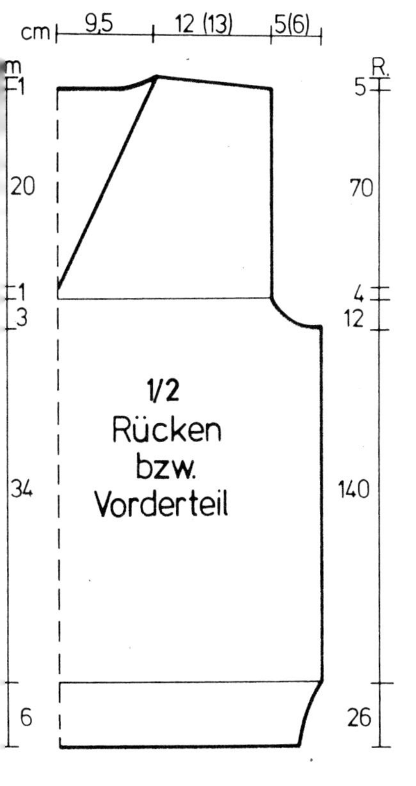

Größen
48/50 und 52/54. Bei unterschiedlichen Angaben: Größe 52/54 in Klammern.

Material
Esslinger Wolle, Qualität Fortissima, 300 (350) g in Blaumeliert Nr. 66 und 100 g in Graumeliert Nr. 79. Je 1 Paar Stricknadeln Nr. 2 ½ und 3, 1 Rundstricknadel Nr. 2 ½, Länge 50 cm.

Grundmuster
Mit Nadeln Nr. 3: Glatt rechts = Hin-R rechts, Rück-R links.

Einstrickmuster
Mit Nadeln Nr. 3: Im Grundmuster nach Strickschrift arbeiten.

Bündchenmuster
Mit Nadeln Nr. 2 ½: Abwechselnd 2 M rechts, 2 M links.

Maschenprobe

Im Grundmuster ohne Einstrickmuster: 32 M und 41 R = 10 x 10 cm. Im Grundmuster mit Einstrickmuster: 32 M und 32 R = 10 x 10 cm.

Arbeitsanleitung

Rücken

150 (162) M mit Nadeln Nr. 2 ½ in Blaumeliert anschlagen und 6 cm im Bündchenmuster stricken. Weiter im Grundmuster mit Nadeln Nr. 3, dabei in der 1. R verteilt 20 M zunehmen. Nach 34 cm ab Bund für die Armausschnitte beidseitig 2 x 4, 1 (2) x 3, 1 x 2 und 3 x 1 M abketten. Gleichzeitig nach 3 cm ab Armausschnittbeginn die Passe nach Strickschrift arbeiten. Nach 64 cm ab Anschlag für den Halsausschnitt die mittleren 50 M abketten und beidseitig davon 1 x 3 und 1 x 2 M abketten. Gleichzeitig mit der 1. Abnahme für den Halsausschnitt mit den Schulterabnahmen beginnen und dafür beidseitig 3 x 13 (14) M abketten.

Vorderteil

Wie das Rückenteil arbeiten, jedoch nach 44 cm ab Anschlag für den V-Ausschnitt die Arbeit teilen und 20 x 1 M jede 2. R und 10 x 1 M jede 4. R abketten. Nach 20 cm ab V-Ausschnittbeginn die Schultern wie am Rücken arbeiten.

Ärmel

60 M mit Nadeln Nr. 2 ½ in Blaumeliert anschlagen und 5 cm im Bündchenmuster stricken. Weiter im Grundmuster mit Nadeln Nr. 3, in der 1. R verteilt 26 M zunehmen und 37 cm stricken, dabei beidseitig 20 (17) x 1 M jede 6. R und 5 (10) x 1 M jede 4. R zunehmen. Nun für die Armkugel beidseitig 2 x 4, 2 x 3, 20 x 1, 3 x 2 und 4 x 3 M abketten. Gleichzeitig nach 45 cm ab Anschlag das Einstrickmuster nach Strickschrift arbeiten. Nach 61 cm ab Anschlag die restlichen 32 (36) M abketten.

Fertigstellung

Nähte schließen, Ärmel einsetzen. Aus dem Halsausschnitt 187 M aufnehmen und mit der Rundstricknadel 11 Rd. im Bündchenmuster stricken, dabei in der vorderen Mitte 1 rechte M markieren und wie folgt stricken: In jeder 2. Rd die markierte M mit der vorhergehenden wie zum rechts Zusammenstricken abheben, die folgende M stricken wie sie erscheint und die abgehobenen M überziehen. Alle M im M-Rhythmus abketten.

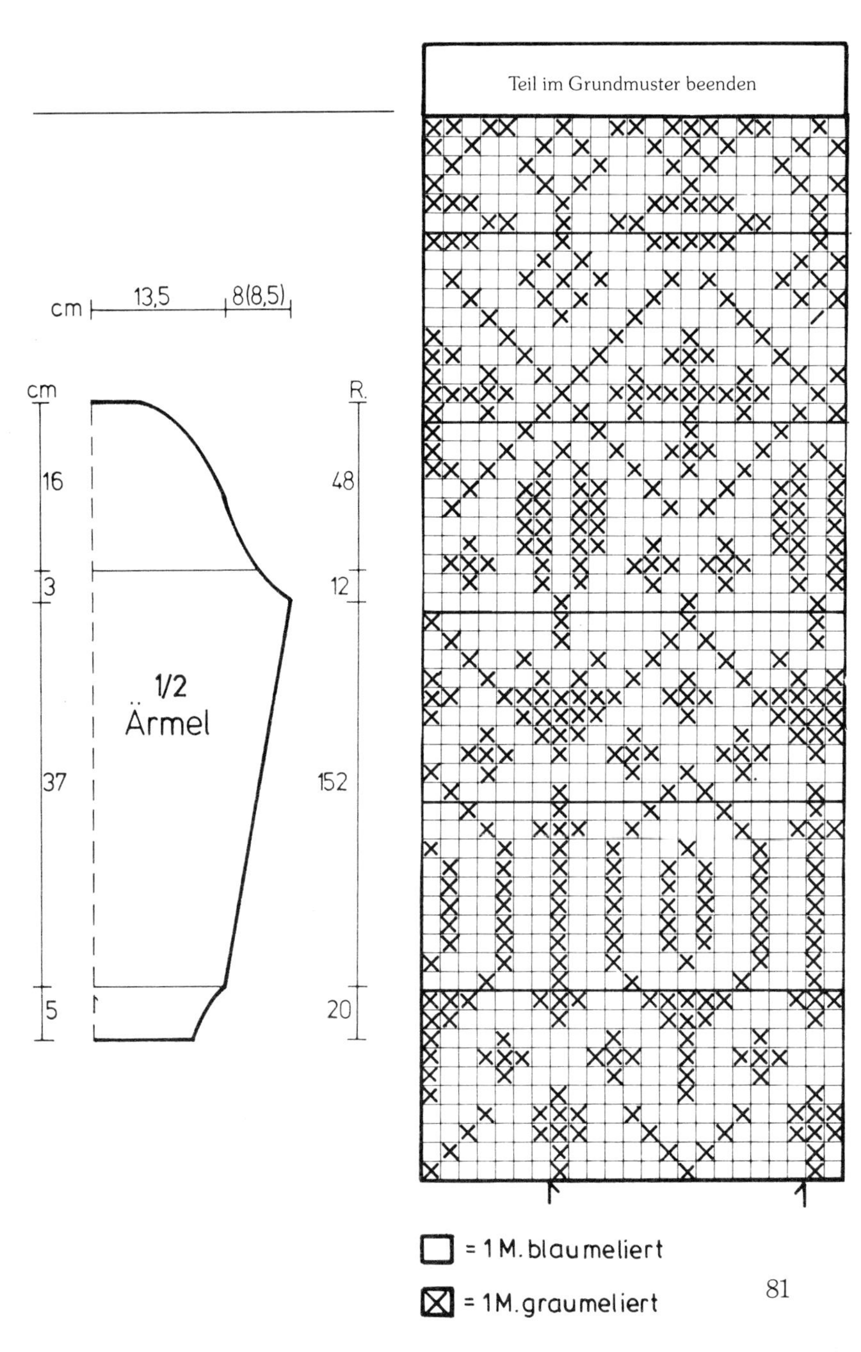
cm
13,5
8(8,5)
cm
16
3
37
5
1/2
Ärmel
R.
48
12
152
20
Teil im Grundmuster beenden
= 1 M. blaumeliert
= 1 M. graumeliert

Grüner Herrenpullover mit Jacquardmuster

Größen
48/50 und 52. Bei unterschiedlichen Angaben: Größe 52 in Klammern.

Material
Esslinger Wolle, Qualität fortissima, 400 (450) g in Grün Nr. 87 und je 50 g in Grau Nr. 31, in Blau Nr. 39 und in Braun Nr. 75. Ein Paar Stricknadeln Nr. 3 und je eine Rundstricknadel Nr. 3, Länge 80 cm und Nr. 2 1/2, Länge 50 cm.

Grundmuster
Glatt rechts = Hin-R rechts, Rück-R links.
In Runden immer rechts stricken.

Strickmuster I
Nach Strickschrift I arbeiten.

Strickmuster II und III
Nach Strickschrift II und III arbeiten.

Bündchenmuster
Abwechselnd 2 M rechts, 2 M links.

Maschenprobe
Mit Nadeln Nr. 3 im Strickmuster I: 29 M und 40 R = 10 x 10 cm.

Arbeitsanleitung

Rücken und Vorderteil
256 (264) M in Grün mit Nadel Nr. 2 1/2 anschlagen und zur Runde schließen. Im Bündchenmuster 7 cm stricken. Anschließend mit Nadel Nr. 3 im Strickmuster I nach Strickschrift I arbeiten, dabei in der 1. Rd verteilt 48 (56) M zunehmen. Nach 34 cm ab Bund die Arbeit für Rücken- und Vorderteil zur Hälfte teilen und getrennt weiterarbeiten. Rücken: Glatt rechts im Grundmuster nach Strickschrift III 32 R strikken, dabei für die Armausschnitte beidseitig 1 x 3, 1 x 2 und 3 x 1 M abketten. Weiter im Strickmuster II nach Strickschrift II arbeiten. Nach 23 cm ab Armausschnittbeginn die mittleren 44 (48) M abketten und beidseitig davon 1 x 3 und 2 x 2 M

abketten. Gleichzeitig mit der 1. Abnahme des Halsausschnittes die Schultern beginnen. Dafür 1x9 und 3x10 (3x10 und 1x11) M abketten.
Vorderteil: Wie Rückenteil stricken. Nach 20 cm ab Armausschnittbeginn für den vorderen Halsausschnitt die mittleren 12 (16) M abketten und beidseitig davon 1x6, 1x5, 1x4, 1x3, 1x2 und 3x1 M abketten. 3 cm nach Halsausschnittbeginn mit den Schulterabnahmen wie am Rückenteil beginnen.

Ärmel
62 M in Grün mit Nadel Nr. 2½ anschlagen und im Bündchenmuster 6 cm stricken, weiter im Strickmuster II mit Nadeln Nr. 3, dabei in der 1. R verteilt 22 M zunehmen. Insgesamt 48 cm stricken, dabei beidseitig 20x1 M jede 8. R zunehmen, dann beidseitig 3x8 und 2x10 M abketten. Nach 56,5 cm ab Anschlag die restlichen 36 M abketten.

Fertigstellung
Schulter- und Ärmelnähte schließen, Ärmel einsetzen. Aus der Halsausschnittkante mit der Rundstricknadel Nr. 2½ in Grün 120 (124) M aufnehmen und 3 cm im Bündchenmuster stricken. Im M-Rhythmus abketten.

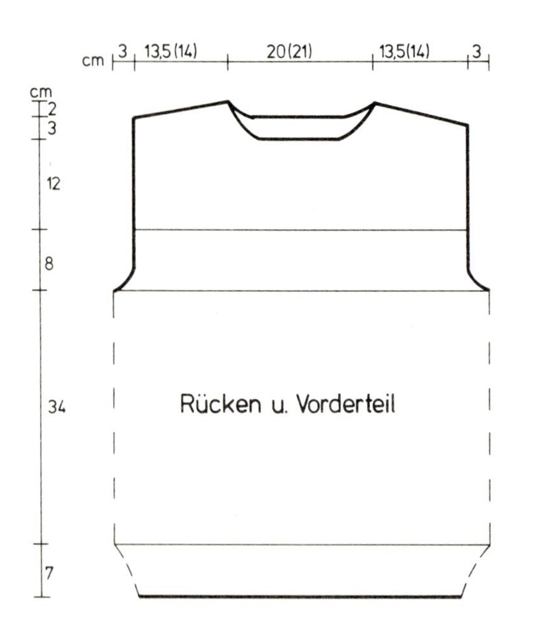

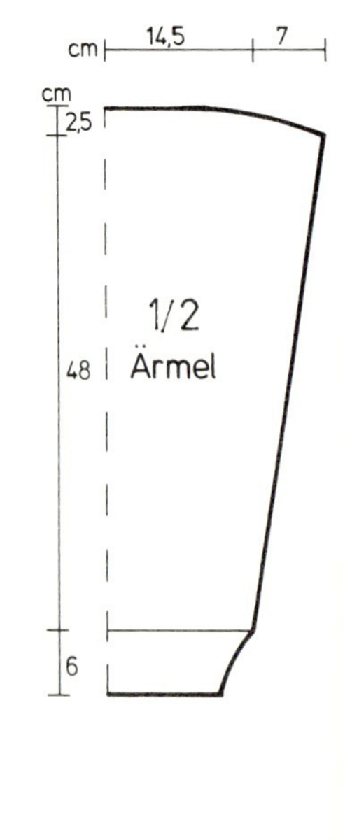

Strickschrift I

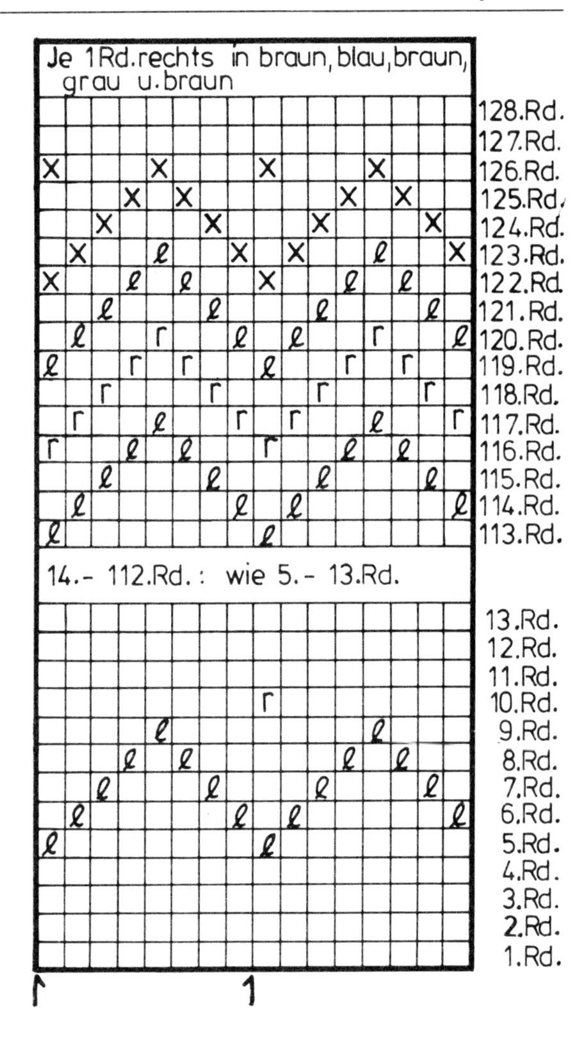

ℓ = 1 M. links in grün

r = 1 M. rechts in grau

X = 1 M. rechts in blau

Strickschrift II

18. R.	l	l	l	l	l	l	l	l	l	l	l	l	l	l	l	l
17. R.																
16. R.	l	l	l	l	l	l	l	l	l	l	l	l	l	l	l	l
15. R.	●								●							
14. R.	l	l	l	l		l	l	l	l	l	l	l		l	l	l
13. R.				l		l						l		l		
12. R.	l	l		l	l	l		l	l	l		l	l	l		l
11. R.		l						l		l						l
10. R.		l	l	l	l	l	l	l		l	l	l	l	l	l	l
9. R.																
8. R.	l	l	l	l	l	l	l	l	l	l	l	l	l	l	l	l
7. R.																
6. R.	●	l	l	l	l	l	l	l	●	l	l	l	l	l	l	l
5. R.					l								l			
4. R.	l	l	l		l		l	l	l	l	l		l		l	l
3. R.			l				l				l				l	
2. R.	l		l	l	l	l	l		l		l	l	l	l	l	
1. R.	l								l							

□ = 1 M. rechts in grün

l = 1 M. links in grün

● = 1 M. links in grau

Es sind Hin- u. Rückr. gezeichnet!

1.–18. R. fortl. str.!

Strickschrift III

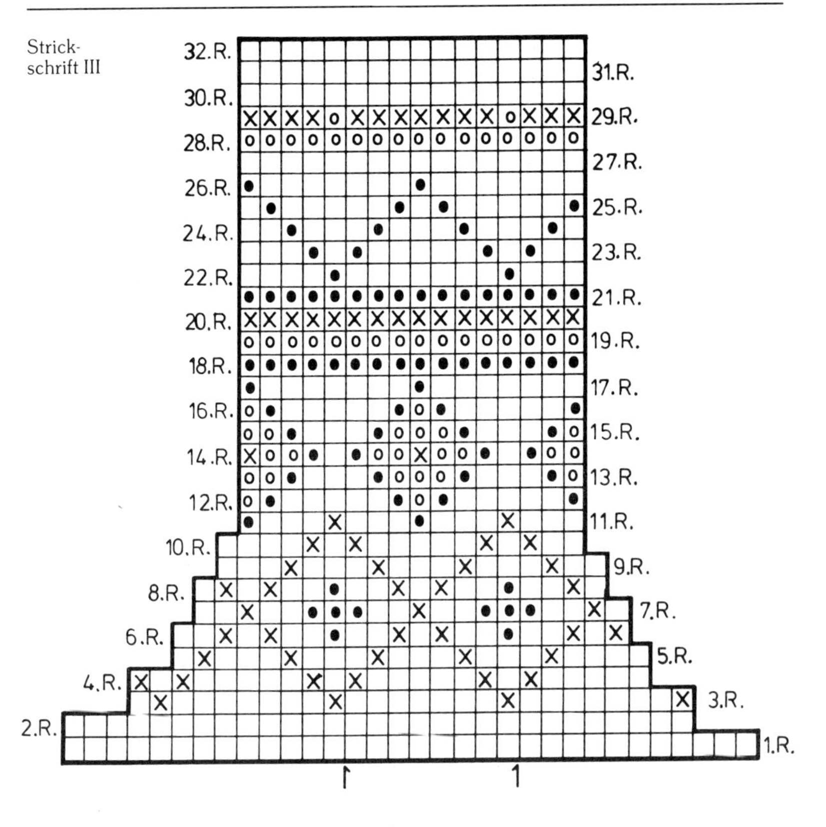

☐ = 1 M. in grün

☒ = 1 M. in blau

● = 1 M. in grau

o = 1 M. in braun

Es sind Hin- u. Rückr. gezeichnet!

Herrenpullover in dezenten Farben

Größen
48 und 50/52. Bei unterschiedlichen Angaben: Größe 50/52 in Klammern.

Material
Esslinger Wolle, Qualität forte nova, 550 (600) g in Braun Nr. 37, 100 g in Grün Nr. 11 und 50 g in Beige Nr. 35. Je ein Paar Stricknadeln Nr. 3 ½ und 4. Eine Rundstricknadel Nr. 3 ½, Länge 40 cm.

Grundmuster
Mit Nadeln Nr. 4: Glatt rechts = Hin-R rechts, Rück-R links. Siehe Strickschrift I.

Einstrickmuster
Mit Nadeln Nr. 4 nach Strickschrift II arbeiten.

Bündchenmuster
Mit Nadeln Nr. 3 ½ in Braun: Abwechselnd 2 M rechts, 2 M links.

Maschenprobe
Mit Nadeln Nr. 4 im Einstrickmuster: 21 M und 30 R = 10 x 10 cm.

Arbeitsanleitung

Rücken
108 (116) M anschlagen und im Bündchenmuster 7 cm stricken. Weiter im Grundmuster nach Strickschrift I arbeiten. Nach 29 cm ab Bündchen mit dem Einstrickmuster beginnen (s. Strickschrift II). Nach Beendigung der Musterborte weiter nach Strickschrift I stricken und anschließend bei einer Gesamthöhe von 65 (66) cm alle M auf einen Hilfsfaden legen.

Vorderteil
Wie Rücken anfertigen, jedoch bei einer Gesamthöhe von 59 (60) cm für den Halsausschnitt die mittleren 24 M abketten und beidseitig davon 1x3, 1x2 und 1 (2)x1 M abketten. Nach weiteren 6 cm die restlichen 36 (39) M für die Schultern auf einen Hilfsfaden legen.

Ärmel
54 (58) M anschlagen und im Bündchenmuster 5 cm stricken. Weiter im Grundmuster nach Strickschrift I

Strickschrift I

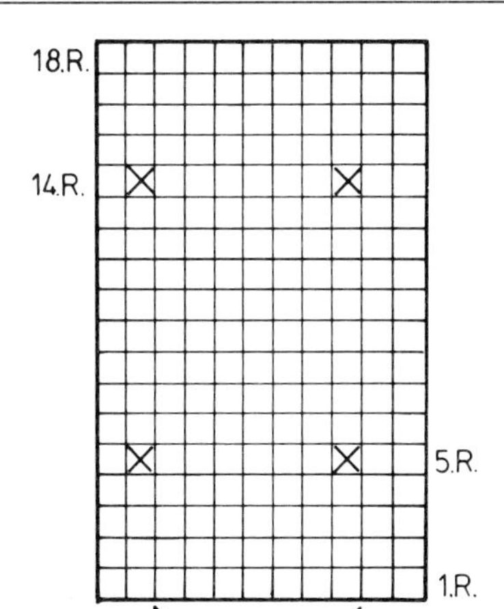

☐ = 1 M. braun

☒ = 1 M. grün

Strickschrift II

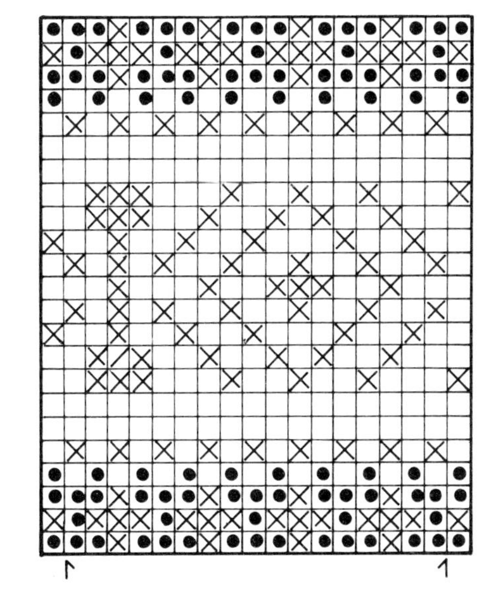

● = 1 M. braun

☒ = 1 M. grün

☐ = 1 M. beige

arbeiten, dabei beidseitig 17 (18) x 1 M in jeder 6. R zunehmen. Nach 41 cm ab Bündchen mit dem Einstrickmuster beginnen (s. Strickschrift II). Nach 50 cm ab Bündchen alle M locker abketten.

Fertigstellung
Hilfsfaden aus den Schulter-M entfernen und die M im M-Stich verbinden. Ärmel einsetzen, Ärmel- und Seitennähte schließen.
Hilfsfaden aus dem Rückenteil entfernen und M auf die Rundstricknadel nehmen. Weitere 48 (50) M aus der vorderen Halsausschnittkante aufnehmen = 84 (88) M und im Bündchenmuster 10 Rd stricken.
Alle M im M-Rhythmus locker abketten.

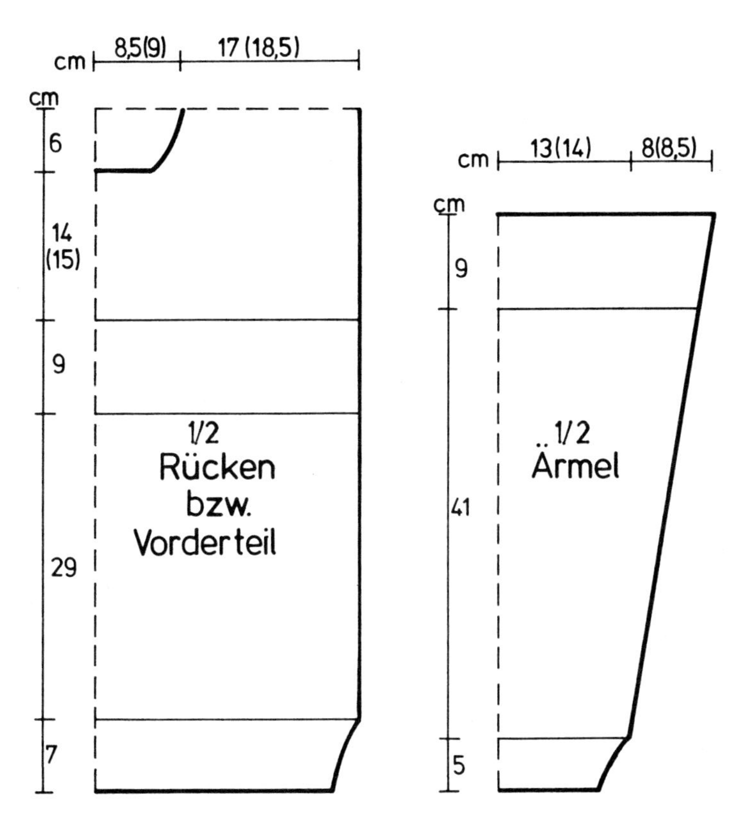

Herren-Rollkragenpullover mit Rundpasse

Größen
48 und 52. Bei unterschiedlichen Angaben: Größe 52 in Klammern.

Material
Scheepjeswol, Qualität Dalarna, 450 (500) g in Grau Nr. 5030, 150 g in Grün Nr. 5032, 50 g in Rost Nr. 5033. 1 Paar Stricknadeln und je eine 40 und 80 cm lange Rundstricknadel Nr. 4.

Grundmuster
Glatt rechts = Hin-R rechte M, Rück-R linke M; in Rd rechte M.

Einstrickmuster
Jedes Zeichen = 1 M in der entsprechenden Farbe.

Bündchenmuster
Abwechselnd 1 M rechts, 1 M links.

Maschenprobe
20 M und 27 R bzw. Rd = 10 x 10 cm.

Arbeitsanleitung

Rücken
99 (109) M in Grau anschlagen. 10 cm im Bündchenmuster, weiter im Grundmuster 2 R grau, dann im Einstrickmuster arbeiten. Die 1. R beginnt nach der Rand-M mit der 1. (8.) M des Rapports. Das Einstrickmuster 1x, weiter grau stricken. Raglanschrägen ab 47 cm Höhe: Beidseitig jede 2. R 8x abwechselnd 1 und 2 M abketten. Passenausschnitt in 50 cm Höhe: Mittlere 41 (45) M, beidseitig davon jede 2. R 1 x 5, 3 x 4 (4 x 5) M stillegen, mit Umschlag wenden (s. S. 94).

Vorderteil
Bis auf den Ausschnitt wie Rückenteil stricken.
Passenausschnitt: In 45 cm Höhe die mittleren 21 (25) M, beidseitig jede 2. R 4 x 4, 4 x 2, 3 x 1 (4 x 4, 7 x 2) M stillegen.

Ärmel

61 M in Grau anschlagen, 16 cm im Bündchenmuster, weiter im Grundmuster stricken, dabei in der 1. R verteilt 20 M zunehmen = 81 M. Nach 2 R das Einstrickmuster arbeiten, dabei beginnt die 1. R nach der Rand-M mit der 10. M des Rapports; weiter grau stricken. Raglanschrägen in 58 cm Höhe wie beim Rükken arbeiten. Passen-Ausschnitt ab 61 cm Höhe; mittlere 17 M, beidseitig jede 2. R 4 x 5 M stillegen.

Passe

Die M auf die große Rundnadel nehmen = 264 (284) M und 2 Rd grau stricken (Größe 52: In der 1. Rd verteilt 4 M zunehmen = 288 M). Dann im Einstrickmuster arbeiten = 22 (24) Rapporte. In der 11., 21., 29., 35., 41. und 47. Rd am Anfang, in der 31. Rd am Ende von jedem Rapport je 1 M abnehmen = 110 (120) M. Danach 3 Rd grau stricken und verteilt 10 (20) M abnehmen = 100 M. Den Rollkragen 26 cm im Bündchenmuster stricken; elastisch abketten.

Fertigstellung

Den Pullover spannen und leicht dämpfen. Raglan- und Ärmelnähte schließen.

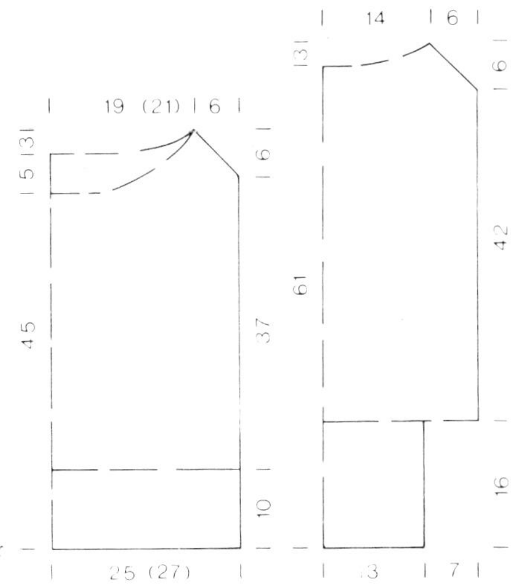

Schnittverkleidung: ½ Rücken- bzw. Vorderteil, ½ Ärmel, alle Teile ohne Passe, für Größe 48 (52).

So stricken Sie die Passe

Beim Passen-Ausschnitt die Maschen stufenförmig stillegen: Mittlere Maschen auf einen Faden ziehen, dann die Hälften beenden. Bei der rechten am Ende jeder Hinreihe, bei der linken am Anfang jeder Rückreihe die vorgeschriebenen Maschen unbearbeitet lassen, auf einen Faden ziehen. Mit einem Umschlag wenden.

Nach Fertigstellung aller Teile die Maschen auf der Rundnadel vereinen und eine Runde rechte Maschen stricken, dabei die Umschläge bei der rechten Hälfte mit der folgenden Masche rechts zusammenstricken, bei der linken Hälfte mit der davorliegenden Masche rechts verschränkt zusammenstricken.

Die Passe im Einstrickmuster arbeiten. In den in Anleitung und Einstrickmuster angegebenen Runden am Anfang oder Ende des Rapports je 2 Maschen rechts zusammenstricken.

Die Abnahmen liegen in der Rundpasse gleichmäßig zwischen den Einstrickmustern verteilt.

Hier sehen Sie das am unteren Rand und am Ärmel eingestrickte Norwegermuster des Rollkragenpullovers.

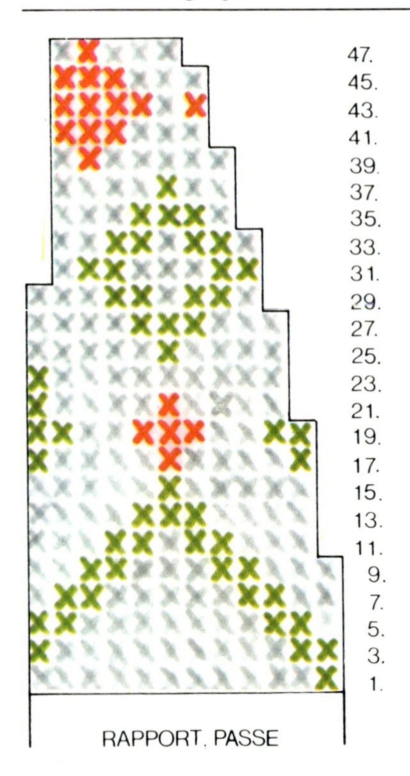

Einstrickmuster für die Passe: In jeder 2. Runde die Farben stricken wie sie erscheinen. Die 1.–48. Runde 1x arbeiten.

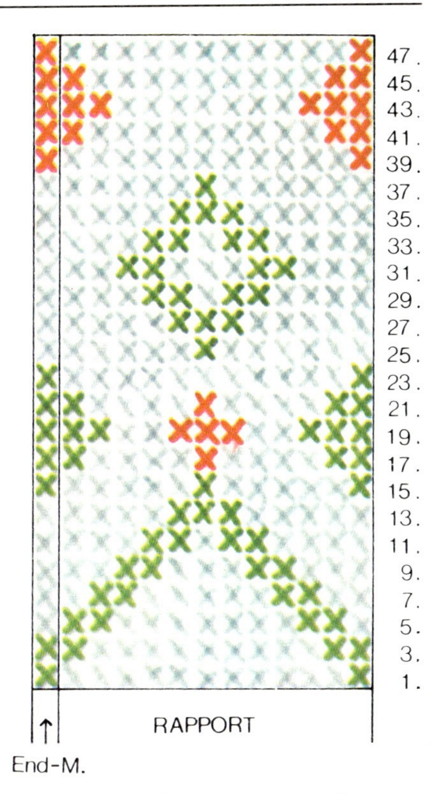

Einstrickmuster für Pulloverrand und Ärmel: In jeder 2. Reihe die Farben stricken wie sie erscheinen. Die 1.–48. Reihe 1 x arbeiten.

Winterpullover für Kinder

Weiß-blauer Kinderpullover

Größen
140, 152 und 164. Bei unterschiedlichen Angaben: Größen 152 und 164 in Klammern. Oberweite 72 (76/80) cm.

Material
Scheepjeswol, Qualität Noorsewol extra, 400 (400/450) g in Weiß und 200 (200/250) g in Blau. Je ein Paar Stricknadeln Nr. 3 und 4. Ein Nadelspiel Nr. 3.

Grundmuster
Mit Nadeln Nr. 4: Glatt rechts = Hin-R rechts, Rück-R links.

Einstrickmuster
Siehe Strickschrift.

Bündchenmuster
Mit Nadeln Nr. 3: Abwechselnd 1 M rechts, 1 M links.

Maschenprobe
Mit Nadeln Nr. 4 glatt rechts: 20 M und 28 R = 10 x 10 cm.

Arbeitsanleitung

Rücken
In Blau 80 (84/90) M anschlagen und im Bündchenmuster 7 cm stricken. Anschließend weiter im Grundmuster, dabei am Anfang der 1. R 1 M zunehmen und mit dem Einstrickmuster A beginnen. Das Teil muß ca. 40 ½ (42 ½/45 ½) cm breit sein. In Weiß bis zu einer Gesamthöhe von 37 (41/45) cm im Grundmuster weiterarbeiten. Dann Einstrickmuster B und C nach Strickschrift stricken. Nach Muster C noch zusätzlich 0 (2/4) R in Blau stricken. Alle M locker abketten.

Vorderteil
Wie Rücken anfertigen. Nach Muster B noch 1 R in Weiß stricken und für den Halsausschnitt die mittleren 13 M abketten. Jede Seite getrennt nach Muster C fertigstellen. Dabei für den Halsausschnitt noch 1 x 3, 2 x 2 und 3 x 1 M in jeder 2. R abnehmen und die 24 (26/29) M für die Schulter in gleicher Höhe wie Rückenteil abketten.

Ärmel
42 M in Blau anschlagen und im Bündchenmuster 5 (5/6) cm stricken. Weiter im Grundmuster, dabei verteilt in der 1. R 11 M zunehmen und Einstrickmuster A (s. Strickschrift) stricken. Anschließend in Weiß weiterarbeiten und beidseitig 7 (9/11) x 1 M in jeder 8. R zunehmen. Bei einer Gesamthöhe von 30 (32/34) cm mit Muster B beginnen. Das Muster von der Mitte aus einteilen. Eine R in Blau stricken und alle 67 (71/75) M locker abketten.

Fertigstellung
Schulternähte schließen. Mit dem Nadelspiel 86 (90/94) M in Blau aus der Ausschnittkante aufnehmen und 5 cm im Bündchenmuster stricken. Alle M im M-Rhythmus locker abketten. Die Ausschnittblende zur Hälfte nach innen wenden und gegennähen. Ärmel einsetzen (Ärmelmitte an die Schulternaht). Ärmel- und Seitennähte schließen.

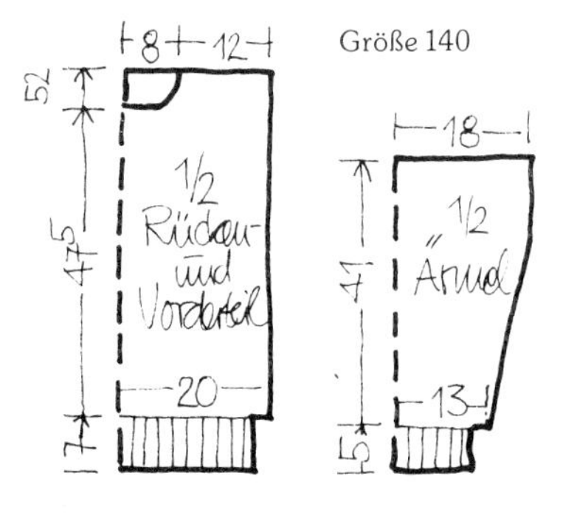

Rot-weißer Kinderpullover

Größen
104, 116 und 128. Bei unterschiedlichen Angaben: Größen 116 und 128 in Klammern. Oberweite 60 (64/68) cm.

Material
Scheepjeswol, Qualität Noorsewol extra, 200 (200/250) g in Rot und 100 g in Weiß. Je ein Paar Stricknadeln Nr. 3 und 4. Ein Nadelspiel Nr. 3.

Grundmuster
Mit Nadeln Nr. 4: Glatt rechts = Hin-R rechts, Rück-R links.

Einstrickmuster
Siehe Strickschrift.

Bündchenmuster
Mit Nadeln Nr. 3: Abwechselnd 1 M rechts, 1 M links.

Maschenprobe
Mit Nadeln Nr. 4 glatt rechts: 20 M und 28 R = 10 x 10 cm.

Arbeitsanleitung

Rücken
66 (70/74) M in Rot anschlagen und 5 cm im Bündchenmuster stricken. Weiter im Grundmuster, dabei am Anfang der 1. R 1 M zunehmen.

Das Teil muß ca. 33 ½ (35 ½/37 ½) cm breit sein. Bei einer Gesamthöhe von 23 (25/27) cm das Einstrickmuster A und B arbeiten. Die letzte M jeder zweifarbigen R mit beiden Farben stricken, die 1. M jeder fol-

Strickschrift für weiß-blaues Modell

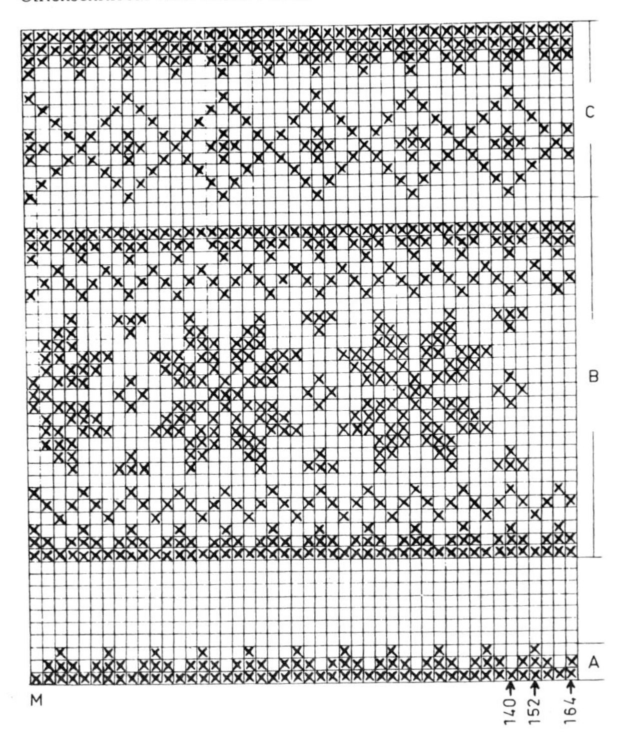

genden R abheben und zusätzlich 0 (2/4) R in Weiß stricken. Dann alle M locker abketten.

Vorderteil
Wie Rückenteil anfertigen. Ab Pfeil (s. Strickschrift) die mittleren 11 M für den Halsausschnitt abketten. Jede Seite getrennt fertigstellen. Dabei für den Halsausschnitt noch 1 x 3, 2 x 2 und 1 (1/2) x 1 M in jeder 2. R abnehmen. Die restlichen 20 (22/23) M für die Schulter in gleicher Höhe wie am Rückenteil abketten.

Ärmel
34 (36/38) M in Rot anschlagen und 5 cm im Bündchenmuster stricken. Weiter im Grundmuster, dabei in der 1. R 1 M zunehmen. Beidseitig 10 (11/12) x 1 M abwechselnd in jeder 4. und 6. R zunehmen. Bei einer Gesamthöhe von 24 (27/30) cm mit dem Einstrickmuster B beginnen (s. Strickschrift). Das Muster von der Mitte aus einteilen. Alle 55 (59/63) M locker abketten.

Fertigstellung
Schulternähte schließen. Mit dem Nadelspiel 70 (74/78) M in Rot aus der Ausschnittkante aufnehmen und 5 cm im Bündchenmuster stricken. Alle M im M-Rhythmus abketten. Die Ausschnittblende zur Hälfte nach innen wenden und gegennähen.
Ärmel einsetzen (Ärmelmitte an die Schulternaht). Ärmel- und Seitennähte schließen.

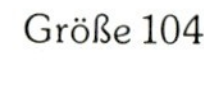
Größe 104

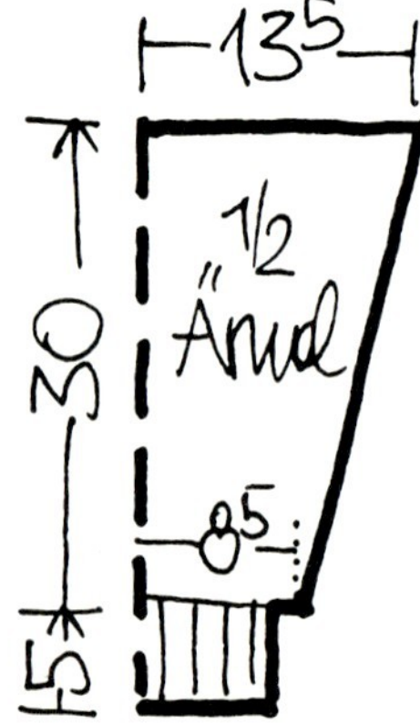

Strickschrift für rot-weißes Modell

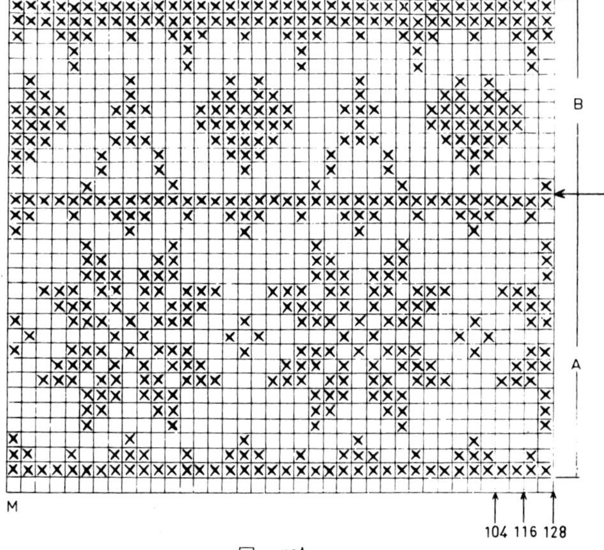

□ = rot

☒ = weiß

OLLET

Kinderpullover mit Rollkrageneinsatz

Größen
8, 10, 12 und 14 Jahre. Bei unterschiedlichen Angaben: 10, 12 und 14 Jahre in Klammern.

Material
Pingouin Wolle, Qualität Pingoland, 350 (400/450/500) g in Feu Nr. 831, 250 (250/350/400) g in Blanc Nr. 801.
Für den Einsatz: 150 g in Feu. Je 1 Paar Stricknadeln Nr. 5 und 6. Ein Nadelspiel Nr. 6.

Grundmuster
Mit Nadeln Nr. 6: Glatt rechts im Jacquardmuster = Hin-R rechts, Rück-R links (nach Strickschrift arbeiten).

Bündchenmuster
Mit Nadeln Nr. 5: Abwechselnd 1 M rechts, 1 M links.

Maschenprobe
Mit Nadeln Nr. 6 glatt rechts im Jacquardmuster: 15 M und 15 R = 10 x 10 cm.

Arbeitsanleitung

Rücken
45 (49/53/57) M in Feu anschlagen und 7 cm im Bündchenmuster strikken. Dabei in der letzten R 12 M verteilt zunehmen. Weiter im Grundmuster das Jacquardmuster nach Strickschrift arbeiten. Bei 33 (35/37/39) cm Gesamthöhe für die Raglanschrägung beidseitig jede 2. R wie folgt abnehmen: 1x3, * 1x2, 1x1 M*, von * bis * 6 (7/7/8) x wiederholen und 2x1 (1x1/2x1/1x1) M. Die restlichen 11 (11/13/13) M für den Halsausschnitt locker abketten.

Vorderteil
Wie Rückenteil anfertigen. In der letzten Bündchen-R 14 M verteilt zunehmen. Bei einer Gesamthöhe von 33 (35/37/39) cm für die Raglanschrägung beidseitig jede 2. R wie folgt abnehmen: 1x4,*1x2, 1x1 M*, von * bis * 5 (5/6/6) x wiederholen und 1 (2/1/2) x 2 M. Gleichzeitig nach 46 (49/52/55) cm Gesamthö-

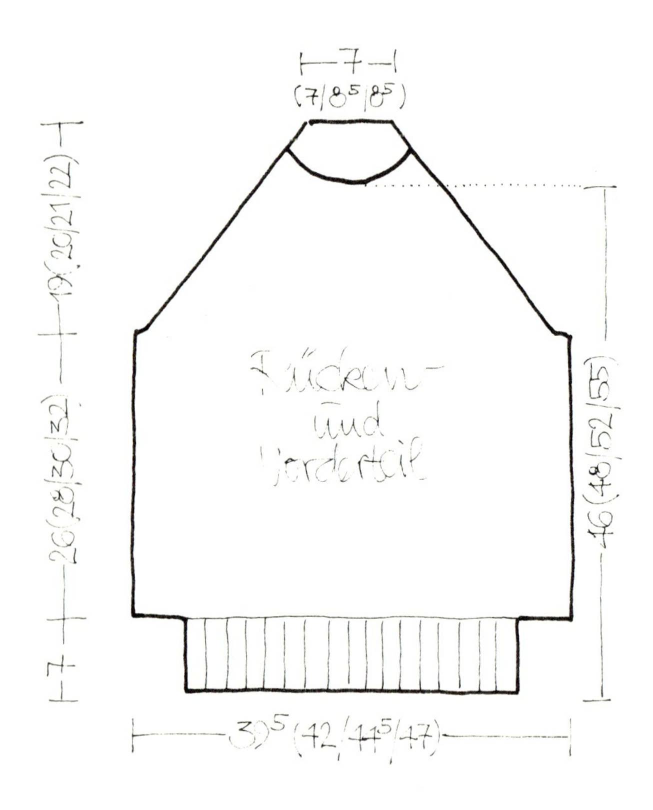
7
(7/8⁵/8⁵)
19(20/21/22)
26(28/30/32)
7
Rücken- und Vorderteil
46(48/52/55)
39⁵(42/44⁵/47)

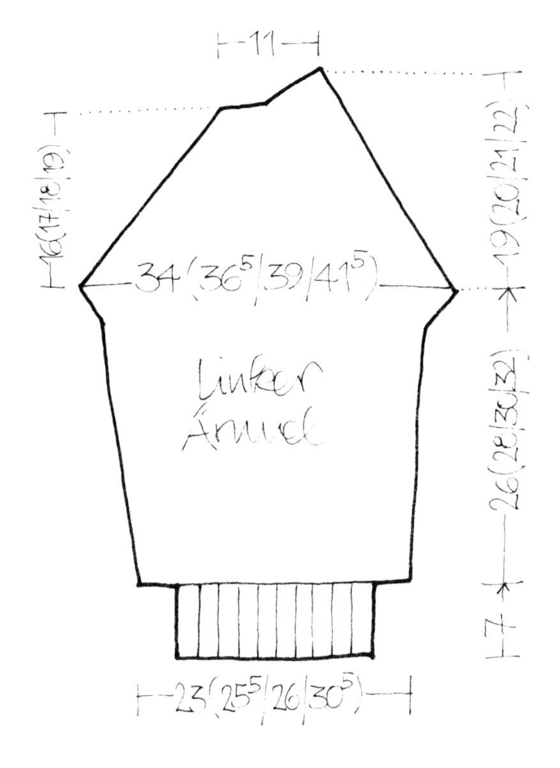
11
16(17/18/19)
19(20/21/22)
34(36⁵/39/41⁵)
Linker Ärmel
26(28/30/32)
7
23(25⁵/26/30⁵)

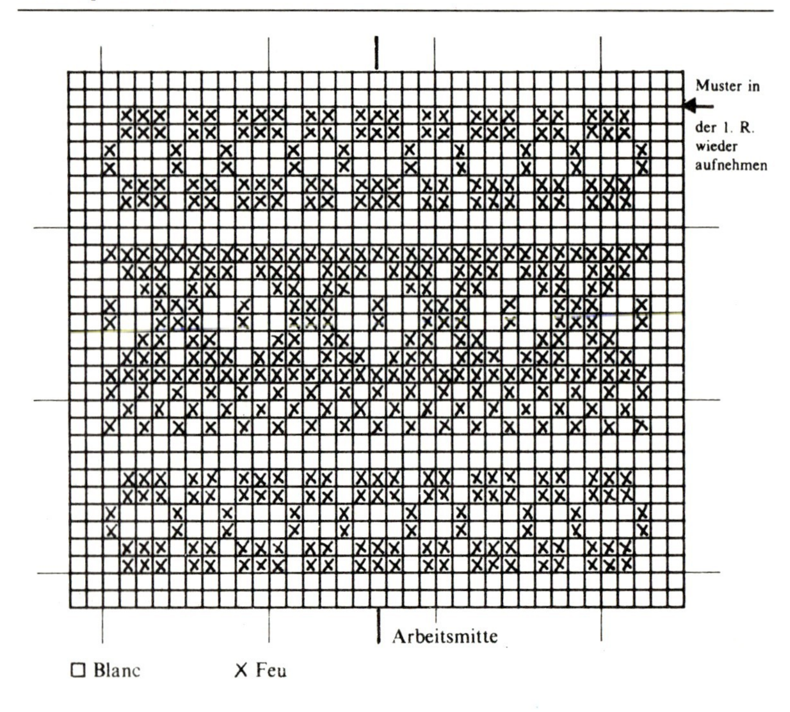

he für den Halsausschnitt die mittleren 5 M abketten und jede Seite getrennt beenden. Dabei an der Halsausschnittkante jede 2. R 1 (1/2/2) x 2 M, 2 (2/1/1) x 1 M abnehmen. Die beiden restlichen M abketten.

Linker Ärmel
In Feu 20 (22/24/26) M anschlagen und 7 cm im Bündchenmuster stricken. Dabei in der letzten R 15 (17/19/21) M verteilt zunehmen. Weiter im Grundmuster das Jacquardmuster stricken. In jeder 8. (8./12./12.) R beidseitig 3 x 1 M zunehmen. Nach 26 (28/30/32) cm Gesamthöhe beidseitig 1 M zunehmen. Anschließend jede 2. R 4 x 1 M. Bei einer Gesamthöhe von 33 (35/37/39) cm für die Raglanschrägungen an der linken Kante jede 2. R wie folgt abnehmen: *1 x 2 M, 1 x 1 M*, von * bis * 5 (6/7/8) x wiederholen und 4 (3/2/1) x 1 M. Gleichzeitig

an der rechten Kante jede 2. R wie folgt abnehmen: *1x2, 1x1 M*, von * bis * 5 (6/6/6) x wiederholen und 1x1 M (0/1/2x2 M) und 1x8, 1x3, 2x2 und 1x1 M.

Rechter Ärmel
Gegengleich arbeiten.

Krageneinsatz
30 M mit Nadeln Nr. 6 anschlagen und im Grundmuster 8 cm stricken. Anschließend für den Halsausschnitt die mittleren 6 M abketten und jede Seite getrennt fertigstellen. Dabei an der Halsausschnittkante jede 2. R wie folgt abnehmen: 1 (1/2/2) x 2 M und 2 (2/1/1) x 1 M. Nach 18 cm Gesamthöhe für den rückseitigen Halsausschnitt 2 M dazu anschlagen und die Arbeit stillegen. Die 2. Seite bis zur gleichen Höhe fertigstellen und beide Teile wie folgt verbinden: 1x10 (10/12/12) M neu anschlagen und 10 cm über alle M stricken und locker abketten. Mit dem Nadelspiel aus der Krageneinsatzkante 66 (66/70/70) M auffassenund 15 cm im Bündchenmuster stricken. Alle M locker abketten.

Fertigstellung
Raglannähte bis auf eine rückwärtige Raglannaht schließen. Ärmel- und Seitennähte schließen. Mit dem Nadelspiel in Feu 57 (57/61/61) M rund um den Halsausschnitt auffassen und 2 cm im Bündchenmuster stricken. Die zweite rückwärtige Raglannaht und die Halsausschnittblende schließen.

Kinderpulli, Mütze, Handschuhe

Größen
98/104 und 110/116. Bei unterschiedlichen Angaben: Größe 110/116 in Klammern.

Material
Esslinger Wolle, Qualität forte nova.
Für Pulli:
200 g in Natur Nr. 13 und je 100 g in Orange Nr. 08 und in Gelb Nr. 07.
Für Mütze und Handschuhe:
100 g in Natur und je 50 g in Orange und in Gelb.
1 Paar Stricknadeln Nr. 3 ½, 1 Rundstricknadel Nr. 3 ½, Länge 40 cm, 1 Nadelspiel Nr. 3 ½, 1 Häkelnadel, 3 Knöpfe.

Grundmuster I
Mit Nadeln Nr. 3 ½ in Natur: Glatt rechts = Hin-R rechts, Rück-R links, in Runden immer rechts.

Grundmuster II
1. R: * 1 M links, 2 M rechts *, von * bis * wiederholen, 1 M links. 2. R: M stricken, wie sie erscheinen. 1. und 2. R fortlaufend wiederholen.

Einstrickmuster für Pulli
Siehe Strickschrift I.

Einstrickmuster für Mütze
Siehe Strickschrift II.

Zackenmuster für Handschuhe
Die Zacken im M-Stich aufsticken. Siehe Stickschrift.

Maschenprobe
Mit Nadeln Nr. 3 ½ im Einstrickmuster: 23 M und 26 R = 10 x 10 cm.

Arbeitsanleitung

Rücken
74 M in Natur anschlagen und 2 M rechts, 2 M links 5 (6) cm stricken. Weiter im Grundmuster I und Einstrickmuster arbeiten, dabei in der 1. R verteilt 7 M zunehmen. Nach 19 (22) cm ab Bund für die Raglanschrägung beidseitig 1 x 3 und 1 x 2 (2 x 2 und 1 x 1) M und dann 22 x 1 M jede 2. R abketten. Gleichzeitig nach 1 cm ab Raglanbeginn im

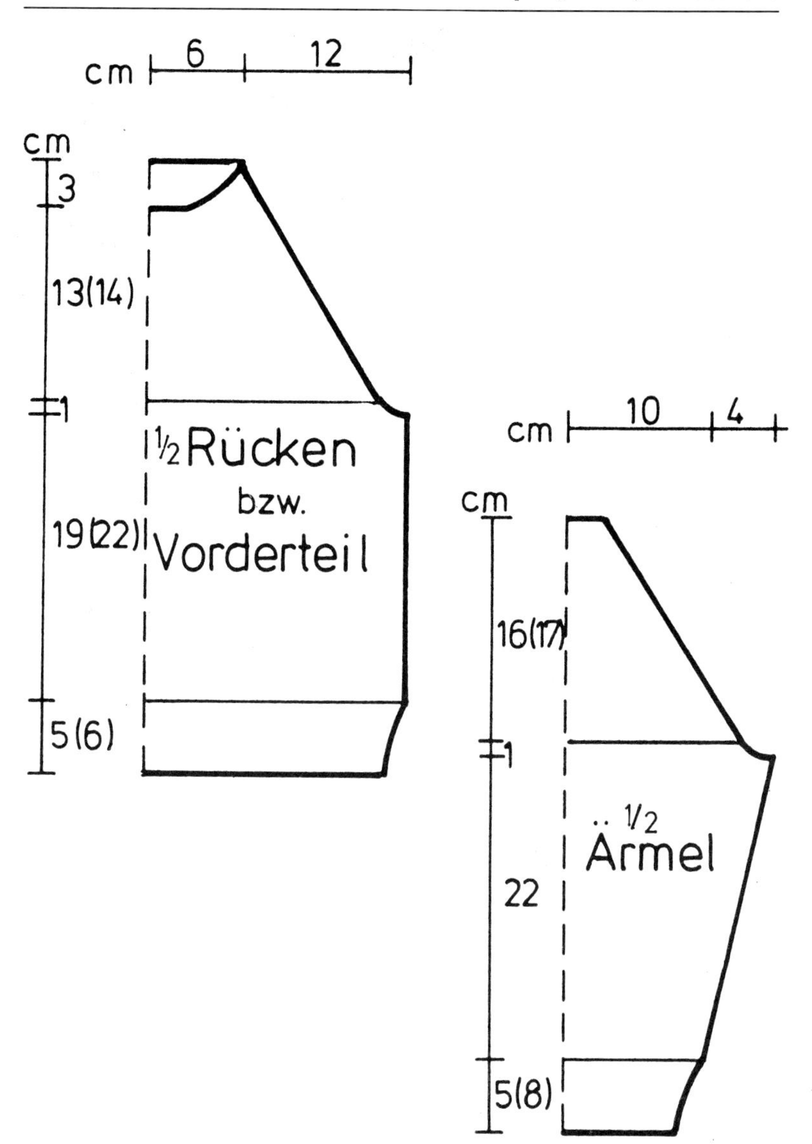
cm
6
12
cm
3
13(14)
1
19(22)
5(6)
½ Rücken
bzw.
Vorderteil
cm
10
4
cm
16(17)
1
22
5(8)
½
Ärmel

Grundmuster II in Natur beginnen. Nach 17 (18) cm ab Raglanbeginn alle 27 M abketten.

Vorderteil

Bis 14 cm ab Raglanbeginn wie Rücken stricken, dann für den Halsausschnitt die mittleren 13 M abketten und beidseitig davon 2x2 und 3x1 M abketten.

Ärmel

40 M in Natur anschlagen und 2 M rechts, 2 M links 5 (8) cm stricken, weiter glatt rechts nach Strickschrift I. In der 1. R verteilt 6 M und beidseitig 10 x 1 M jede 4. R zunehmen. Nach 22 cm ab Bund die Raglanschräge wie am Rückenteil ausführen. Gleichzeitig nach 1 cm ab Raglanbeginn mit Grundmuster II beginnen. Nach 39 (40) cm ab Bund die restlichen 12 M abketten.

Fertigstellung

Raglannähte schließen, dabei aber die linke vordere Naht ca. 15 cm (= Grundmuster II) offenlassen. Seiten- und Ärmelnähte schließen. Für die Halsblende 66 M in Natur anschlagen und in 2 M rechts, 2 M links 8 R stricken, M auf einen Hilfsfaden legen und die offenen M im Steppstich an den Halsausschnitt nähen. Für die Knopflochblende 38 M in Natur anschlagen und 2 M rechts, 2 M links 8 R stricken, dabei in der 5. R 3 Knopflöcher über 3 M im Abstand von 11 M einstricken, 1. Knopfloch nach 3 M ab Seitenkante. M auf einen Hilfsfaden legen und die offenen M im Steppstich auf die vordere Raglankante einschließlich Halsblende steppen. Untere seitliche Blendenkante als Übertritt auf die Ärmel über die Raglanschräge heften. Raglankante des linken Ärmels mit 2 R festen M in Natur umhäkeln, Knöpfe annähen.

Mütze

88 M in Natur mit der Rundnadel anschlagen, zur Rd schließen. 2 M rechts, 2 M links 10 cm und glatt rechts nach Strickschrift II 35 Rd stricken. In der folgenden Rd jede 10. und 11. M zusammenstricken = 8 Abnahmen. Diese Abnahmen 8x in jeder 2. Rd immer an den gleichen Stellen wiederholen (= 9. und 10. M, 8. und 9. M, 7. und 8. M zusammenstricken usw.). Restliche 24 M auf das Fadenende nehmen, zusammenziehen und gut vernähen. Aus bunten Fäden einen Pompon anfertigen und aufnähen.

Rechter Handschuh

32 (36) M in Natur mit Nadelspiel anschlagen, zur Rd schließen und 2 M rechts, 2 M links 6 cm stricken, weiter im Grundmuster I 3 (4) cm stricken, dann für den Daumen die 2.–5. (6.) M der 1. Nadel auf einen Hilfsfaden legen, 4 (5) M neu anschlagen und weitere 6 (7) cm strik-

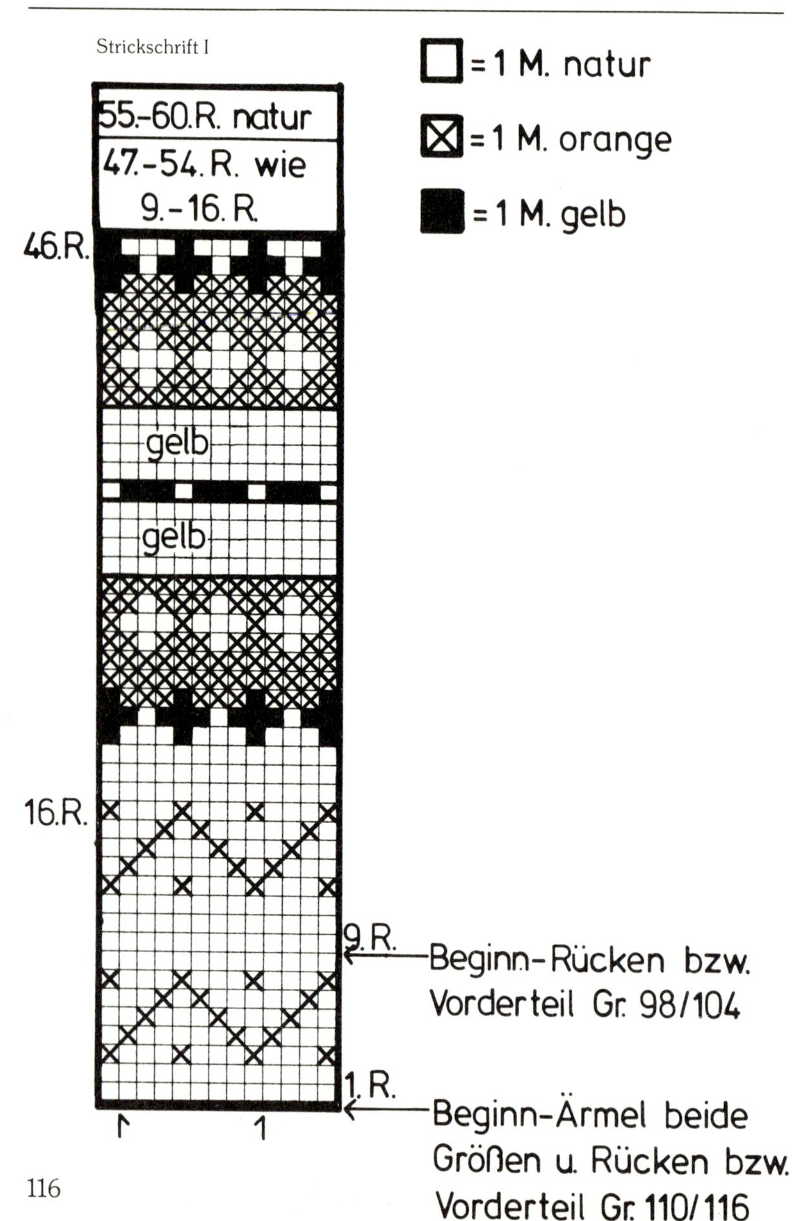
Strickschrift I
□ = 1 M. natur
⊠ = 1 M. orange
■ = 1 M. gelb
55.-60.R. natur
47.-54. R. wie 9.-16. R.
46.R.
gelb
gelb
16.R.
9.R.
Beginn-Rücken bzw. Vorderteil Gr. 98/104
1. R.
Beginn-Ärmel beide Größen u. Rücken bzw. Vorderteil Gr. 110/116

ken. Nun für die Spitze die 1. M der 1. und 3. Nadel und die letzte M der 2. und 4. Nadel markieren. 4 (5) x in jeder 2. Rd die markierten M der 1. und 3. Nadel mit der folgenden M und die markierten M der 2. und 4. Nadel mit der vorhergehenden M zusammenstricken. In der folgenden Rd immer 2 M zusammenstricken, dann die restlichen M auf das Fadenende nehmen, fest zusammenziehen und vernähen. Handrücken nach Stickschrift im Maschenstich besticken.

Linker Handschuh
Gegengleich arbeiten.

Strickschrift II

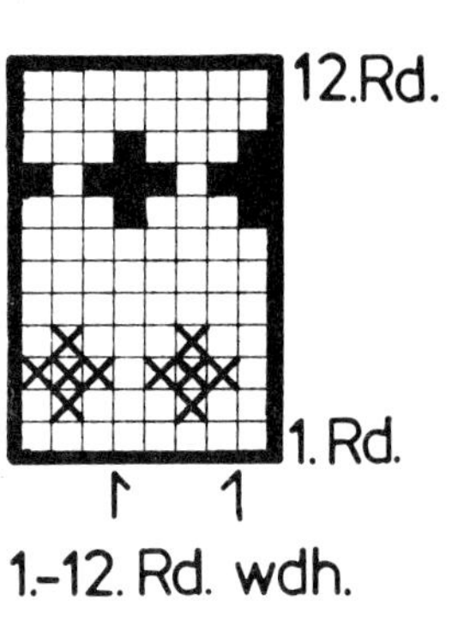

Stickschrift

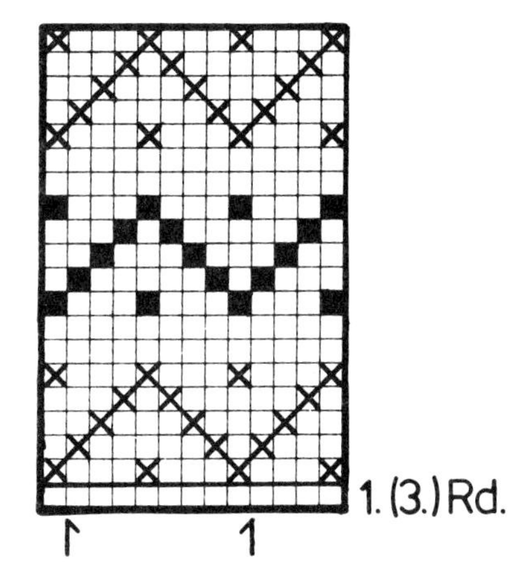

Kinderpullover mit Rundpasse

Größen
140/146 und 152/158. Bei unterschiedlichen Angaben: Größe 152/158 in Klammern.

Material
Esslinger Wolle, Qualität softy, 450 (500) g in Altrosa Nr. 14, 100 g in Weinrot Nr. 15 und 50 g in Koralle Nr. 20. Je 1 Rundstricknadel Nr. 5, 40 und 80 cm lang und je 1 Rundstricknadel Nr. 6, 40, 60 und 90 cm lang.

Grundmuster
Mit Nadel Nr. 6 in Altrosa: Glatt rechts = Hin-R rechts, Rück-R links, in Runden immer rechts.

Einstrickmuster
Mit Nadel Nr. 6 nach Strickschrift.

Bündchenmuster
Mit Nadel Nr. 5: Abwechselnd 1 M rechts, 1 M links.

Maschenprobe
Mit Nadel Nr. 6 glatt rechts: 14 M und 20 R = 10 x 10 cm.

Arbeitsanleitung

Unteres Pulloverteil
In Altrosa 120 (132) M anschlagen und zur Rd schließen. Im Bündchenmuster 6 cm stricken. Weiter im Grundmuster, dabei in der 1. Rd verteilt 10 M zunehmen. Nach 30 (36) cm ab Bündchen die Arbeit in zwei gleiche Teile teilen und getrennt über je 65 (71) M 3 (4) cm stricken und beidseitig 1 x 2 und 2 (3) x 1 M abketten. Die restlichen 57 (61) M stillegen.

Ärmel und oberes Pulloverteil
In Altrosa 30 (34) M anschlagen und im Bündchenmuster 6 cm stricken. Weiter im Grundmuster, dabei in der 1. R verteilt 6 M zunehmen und dann beidseitig 5 x 1 M in jeder 8. R zunehmen. Nach 28 (32) cm ab Bund beidseitig 1 x 2 und 2 (3) x 1 M abketten. Die restlichen 38 (40) M stillegen. Sind alle Teile fertiggestellt, die M auf Rundstricknadel Nr. 6 (90 cm) nehmen (Rückenteil, 1. Ärmel, Vorderteil, 2. Ärmel) = 190 (202) M. In verkürzten R wie folgt

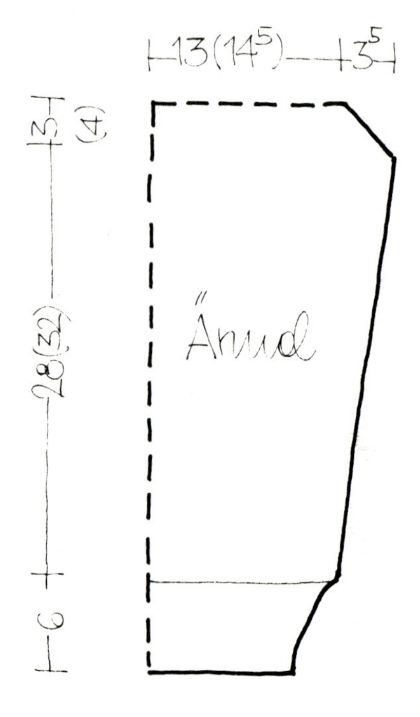

stricken: Mit dem Rückenteil an der rechten Seite beginnen und 51 (53) M stricken, Arbeit mit einem Umschlag wenden, 45 M zurückstrikken, mit einem Umschlag wenden, 60 M zurückstricken, dabei in dieser und allen folgenden R den Umschlag immer mit der folgenden M zusammenstricken. Arbeit wenden, 75 M zurückstricken usw., immer 15 M mehr abstricken und zwar beidseitig der mittleren 45 M 4x15 M, bis in der vorderen Mitte 25 (37) M übrig bleiben. Eine Rd über alle M stricken.

Passe
Nach Strickschrift arbeiten. In der 1. Rd verteilt 14 (18) M, in der 8. Rd 22 und in der 14. Rd 26 M abnehmen. Dann nach Strickschrift in der 24., 26., 28. und 30. Rd immer an den eingezeichneten Stellen jeweils 2 M rechts zusammenstricken (16 bzw. 17 Abnahmen pro Rd). Über die restlichen 64 (68) M im Grundmuster noch 2 Rd in Koralle und 1 Rd in Weinrot stricken. Weitere 5 Rd in Weinrot im Bündchenmuster arbeiten. Alle M im M-Rhythmus locker abketten.

Fertigstellung
Ärmelnähte schließen, Ärmelschrägen an Rücken- und Vorderteil nähen.

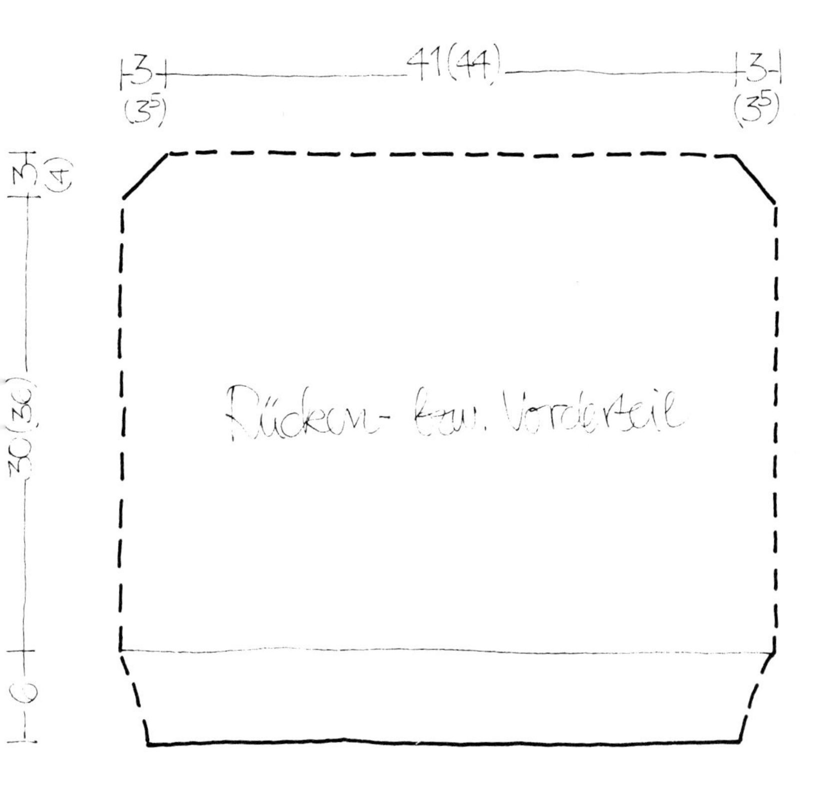
3 (3⁵)
41 (44)
3 (3⁵)
3 (4)
30 (30)
6
Rücken- bzw. Vorderteil

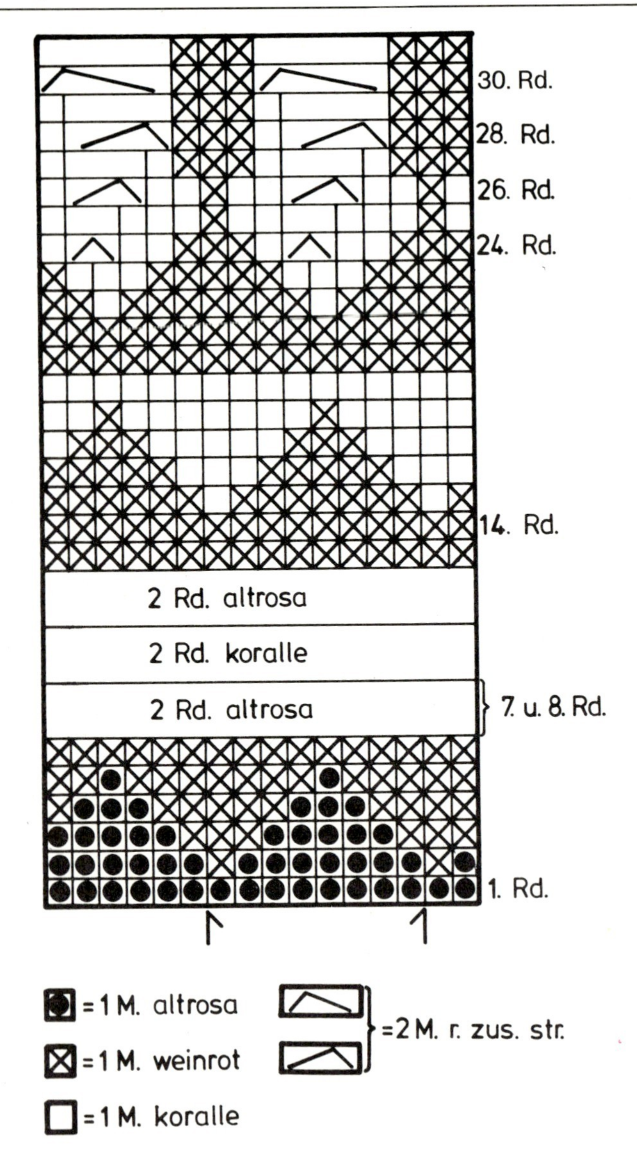
30. Rd.
28. Rd.
26. Rd.
24. Rd.
14. Rd.
2 Rd. altrosa
2 Rd. koralle
2 Rd. altrosa
7. u. 8. Rd.
1. Rd.
= 1 M. altrosa
= 1 M. weinrot
= 1 M. koralle
= 2 M. r. zus. str.

Bunter Teenagerpulli

Größen
8, 10, 12 und 14 Jahre. Bei unterschiedlichen Angaben: 10, 12 und 14 Jahre in Klammern.

Material
Pingouin Wolle, Qualität Confort, 150 (150/200/200) g in Océan Nr. 145, je 50 (50/100/100) g in Croisière Nr. 109, Moravie Nr. 157, Sapin Nr. 121, Pourpre Nr. 123, 100 g in Lande Nr. 106. Je ein Paar Stricknadeln Nr. 3 ½ und 4. Eine Rundstricknadel Nr. 3 ½.

Grundmuster
Mit Nadeln Nr. 4: Glatt rechts = Hin-R rechts, Rück-R links. Im Jacquardmuster nach Strickschrift arbeiten, dabei die Fäden bei jedem Farbwechsel verkreuzen.

Bündchenmuster
Mit Nadeln Nr. 3 ½: Abwechselnd 1 M rechts, 1 M links.

Maschenprobe
Mit Nadeln Nr. 4: 24 M und 24 R im Jacquardmuster = 10 x 10 cm.

Arbeitsanleitung

Rücken
93 (99/105/111) M in Océan anschlagen und 6 cm im Bündchenmuster stricken. Dann im Grundmuster das Jacquardmuster nach Strickschrift arbeiten. Nach 32 (34/36/38) cm Gesamthöhe für die Armausschnitte beidseitig in jeder 2. R wie folgt abketten: 1 x 3, 1 (2/2/2) x 2 M und 2 (1/2/3) x 1 M = 79 (83/87/91) M. Nach 48 (51/54/57) cm Gesamthöhe für die Schultern beidseitig jede 2. R wie folgt abketten: 1 x 8 und 2 x 7 (2 x 8 und 1 x 7/3 x 8/1 x 9 und 2 x 8) M. Gleichzeitig **für den Halsausschnitt** mit der 2. **Schulterabnahme** die mittleren 25 **(27/29/31)** M abketten, 2 R strik**ken und** 1 x 5 M abketten.

Vorderteil
Wie Rückenteil anfertigen. Nach 41 (44/47/50) cm Gesamthöhe für den Halsausschnitt die mittleren 7 (9/11/13) M abketten und jede Seite getrennt beenden. Dabei an der Halsausschnittkante in jeder 2. R

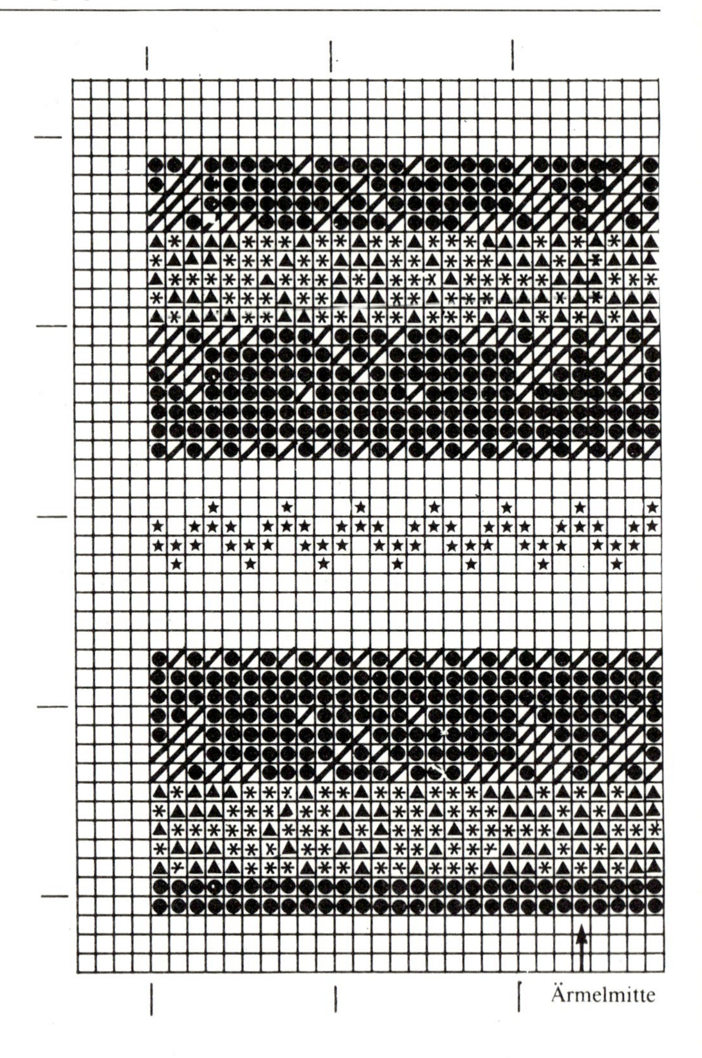

□ Lande ● Océan

✱ Croisière ★ Sapin

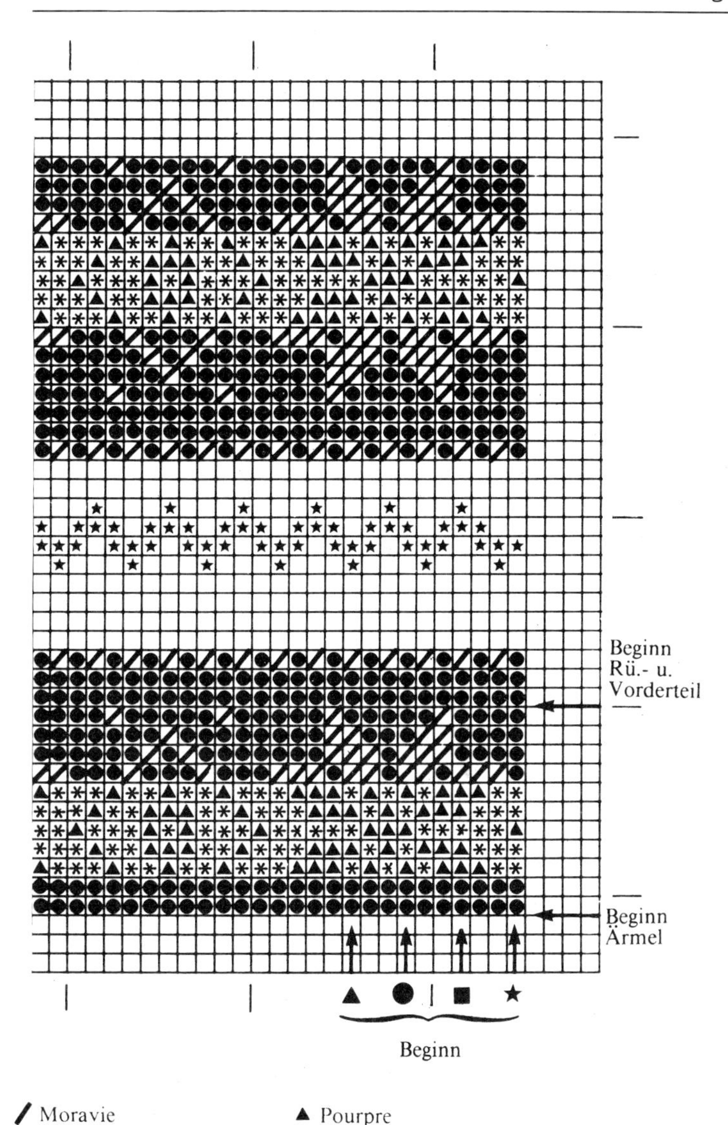

/ Moravie ▲ Pourpre

wie folgt abketten: 2x3, 2x2 und 4x1 M. Nach 48 (51/54/57) cm Gesamthöhe für die Schulterschrägung wie am Rückteil 3x abketten. Die 2. Seite gegengleich beenden.

Ärmel

43 (47/51/55) M in Océan anschlagen und 6 cm im Bündchenmuster stricken, dabei in der letzten R verteilt 2 (4/6/8) M zunehmen. Weiter im Grundmuster das Jacquardmuster nach Strickschrift arbeiten und beidseitig jede 6. (6./8./8.) R 10x1 M zunehmen = 65 (71/77/83) M. Nach 35 (37/39/41) cm Gesamthöhe für die Armkugel beidseitig jede 2. R wie folgt abketten: 3x3 M, 2 (3/3/3) x 2 M, 8 (8/9/10) x 1 M, 2 (2/1/0) x 4 M und 0 (0/1/2) x 5 M. Die restlichen 7 (9/11/13) M auf einmal abketten.

Fertigstellung

Die rechte Schulternaht schließen. 52 (54/56/58) M in Océan aus der vorderen Halsausschnittkante mit der Rundstricknadel aufnehmen und 40 (42/44/46) M aus der hinteren Halsausschnittkante und 1½ cm im Bündchenmuster stricken. Alle M locker abketten. Die linke Schulternaht, die Halsausschnittblende und die Seiten- und Ärmelnähte schließen. Die Ärmel einsetzen.

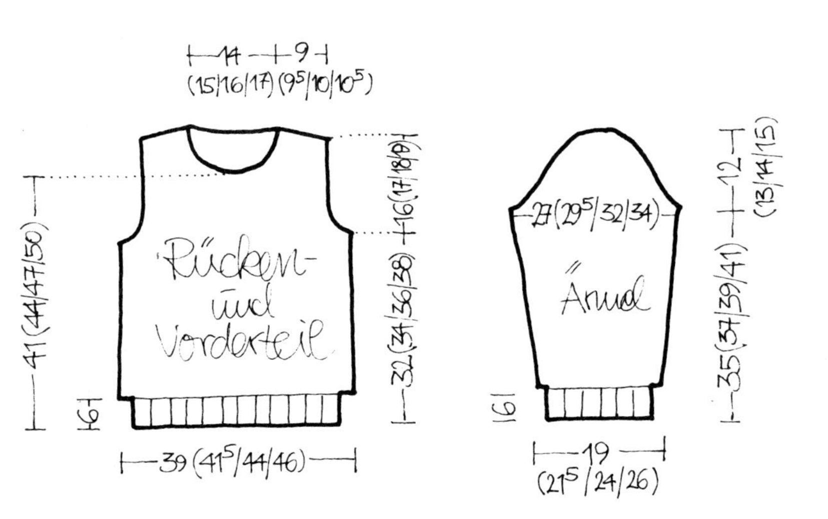

Fotonachweis

Besonderen Dank sagen wir folgenden Firmen für Bildvorlagen und Beratung bei den Strickanleitungen:

Afra GmbH, Hamburg (Pingouin Wolle) 106, 126;
Max Austermann GmbH & Co., Wuppertal 31, 38;
Laines Berger du Nord Deutschland GmbH, Düsseldorf 43, 71;
Garnimport H. Ernst GmbH, Renningen (H.E.C. Wolle) 15, 34, 50, 74;
Schoeller Eitorf AG, Eitorf/Sieg (Esslinger Wolle) 23, 27, 78, 83, 90, 115, 119;
N.V. Koninklijke D.S. van Schuppen, Veenendaal/Niederlande (Scheepjeswol) 46, 67, 102;

Aufnahmen ohne Bildnachweis: Bildstelle Orbis, München